こども
ホモ・サピエンス

★人類の起源、日本人のルーツについて考える本★

KANZEN

はじめに

現在も生き残っている人類は、みんな同じホモ・サピエンスという一種

　もし宇宙に私たちととてもよく似た生き物がいたら、宇宙人と「人（ヒト）」を付けて呼んでいいのでしょうか？　「はい」か「いいえ」か、いろいろな意見があると思いますが、何を持ってヒトかヒトでないかを判断するのでしょうか。ヒトらしさとは、ヒトをヒトたらしめるものとは、いったいなんでしょうか？　生物としての私たち人間を考えるのが人類学です。人類学という学問名は聞きなれないかもしれません。これは「ヒトとは何か？」を科学的に追求して、ほかの生物と共通する部分、異なる部分を明らかにしていく学問です。上記の私たちによく似た宇宙生物はヒトかどうかという問いには、その身体の形、生理機構、遺伝子などを調査して、過去や現在の人類の特徴との比較を行わないと答えは出せません。

　現代に生きる私たちヒトは、ホモ・サピエンスという人類の一種です。「現生人類」と呼んだりします。人類にはもともと多くの属・種が存在していました。小学校や中学校でネアンデルタール人などの昔の人類について学んだ人もいるかもしれません。かつては、私たちホモ・サピエンスとは歯や頭の形、脳の大きさ、手足の骨の形、行動様式などが異なる「人類」が地球上に存在していました。さまざまなタイプの人類が地球上に登場して繁栄しましたが、消えていってしまいました。そうした人類は化石として残っているだけなので、「化石人類」と呼ばれたりします。しかし、絶滅したと言い切るのは難しく、一部の人類はホモ・サピエンスとの間に子孫を残しました。例えば、私たちのなかにはネアンデルタール人の遺伝子

2

が組み込まれて残っています。それでも、現在も生き残っている人類は、すべて同じホモ・サピエンスというただ一種なのです。

　世界中の人々は、姿形がさまざまであるため、かつては「人種」という用語が区別に用いられていましたが、近年では使われなくなりました。なぜならこうした身体の特徴の違いは、わずか数万年の間に世界に移り住み、各地の環境に対応した結果であることが研究の発展とともに明らかにされたからです。4000mを越える高い山の上や、雪と氷の世界であるシベリアのような高緯度地域にもヒトは居住しています。その多様な環境に適応して人類が獲得した特徴が差別に使われてしまうことがあるのはとても残念です。

　私たちの祖先は、山を越え、海を越え、長い時間をかけて世界中に広がりました。ホモ・サピエンスは形質や生理機構の変化だけでなく、火の利用や服作りなどの知恵と技術を背景にさまざまな環境に対応したことで、もっとも広範囲の陸域に生息域を広げた生物であるといえるでしょう。

　現代社会は互いに多様性を認め合い、さまざまなヒトが暮らしやすい社会を目指しています。人類学の視点では、みな同じホモ・サピエンスなのですから、見た目や考え方に多少の違いはあっても、生物として共存できるはずです。しかし、文化的・社会的に衝突が起きてしまうことがあるのも事実です。それもまた、社会を形成し、高い技術力や芸術性、想像性など多様な能力を持つホモ・サピエンスという生物ならではの課題なのかもしれません。本書を通して私たち現生人類の成り立ちを知っていただくことで、ヒトや社会の多様性を考えるきっかけになれば幸いです。

国立科学博物館人類研究部

【もくじ】

● はじめに 2

第 1 章

人間について考えてみよう！

1	そもそも人間ってなんだろう？	 10
2	人の外見の違いってなんだろう？	 12
3	人間の祖先はサルって本当？	 14
4	進化ってなんだろう？	 16
5	どうして大昔のことがわかるの？	 18

COLUMN

● 人間はこれ以上進化しない？ 20

第 **2** 章

人間が生まれるまで

1	地球が生まれたのは約46億年前	22
2	人類が生まれたのはおよそ700万年前	24
3	最初の人類「猿人」はアフリカで見つかった!	26
4	猿人の仲間は何種類も見つかっている	28
5	人類だけが立って歩き始めた!	30
6	脳が大きくなった新しい人類「原人」	32
7	私たちの祖先「ホモ属」の出現	34
8	私たち「ホモ・サピエンス」が誕生したのは約30万年前	36
9	ホモ属はどんどん脳が大きくなった	38
10	人間はほかの人類たちと交流していた	40
11	人間だけが生き残りほかの人類は絶滅してしまった	42

COLUMN

● 初期のホモ・サピエンス「クロマニョン人」 ⋯⋯⋯⋯⋯ 44

【もくじ】

第3章

昔の人類の暮らしを知ろう

1	小さなグループで助け合って暮らしていた	46
2	食べられるものはなんでも食べた	48
3	石や木で道具を作り、火を使い始めた	50
4	言葉を話すようになった	52
5	絵を描いたり像を作ったりし始めた	54
6	想像したことを話せるようになった	56
7	神様や精霊がいると信じるようになった	58
8	畑を耕し家畜を飼う生活を始めた	60
9	さまざまな国が生まれ文明の歴史が始まった	62

COLUMN

● 犬と猫はいつから人間と暮らしている？ ……………… 64

第4章

アフリカから世界へ

| 1 | 古代DNAから見えてきた人間の足跡 | 66 |

2	人間共通の女性祖先「ミトコンドリア・イブ」	68
3	人類の壮大な旅路「グレート・ジャーニー」	70
4	約6〜5万年前にアフリカから中東へ	72
5	中東から4つのルートで各大陸へ	74
6	最初の進出は失敗だった!?	76
7	原人もアフリカから各地に移住していた	78
8	海沿いに進んだグループは東南アジアへ	80
9	オーストラリアには約4万7000年前に到達	82
10	ヨーロッパへの進出は約4万年前	84
11	北へ進んだグループは約3万年前にシベリアへ	86
12	日本列島にやってきたのは約4万年前	88
13	アメリカ大陸に到達したのは約1万4000年前!?	90
14	約1万年以上前に南米に到達	92
15	南米にはアフリカから海を渡ってやってきたかも!?	94
16	最後の到達地は太平洋のポリネシア	96
17	暮らしていた環境によって肌や髪の色が変化	98

COLUMN

● 古代DNA解析の第一人者、スバンテ・ペーボ博士 100

【もくじ】

第 5 章

私たち日本人のルーツはどこにある?

1 原人は日本列島にたどり着けなかった 102

2 ホモ・サピエンスはさまざまなルートでやってきた! 104

3 旧石器時代の遺跡は1万箇所以上 106

4 約3000年前に大陸からやってきた渡来人 108

5 縄文人と弥生人は仲良く暮らしていた? 110

6 弥生時代以降もたくさんの人が渡ってきた 112

7 現代日本人は縄文人・弥生人・古墳人の混合!? 114

8 沖縄で見つかった港川人とは? 116

9 沖縄の人たちは九州からやってきた? 118

10 北海道の先住民「アイヌ」 120

11 地域で異なる歴史と文化 122

おわりに 世界の人たちは、みんな同じホモ・サピエンス 124

● さくいん 127

【本書の用語について】
・「人類」は、700万年前にチンパンジーと枝わかれしたあとのヒト側に属する種の総称です。
・「ホモ・サピエンス」は、種としての人間を表す学名です。
・「ホモ属」は、ヒト属に属する種の総称です。
・「人間」は、現生人類（現在も生きている人類＝ホモ・サピエンス）を表します。

第 1 章

人間について考えてみよう！

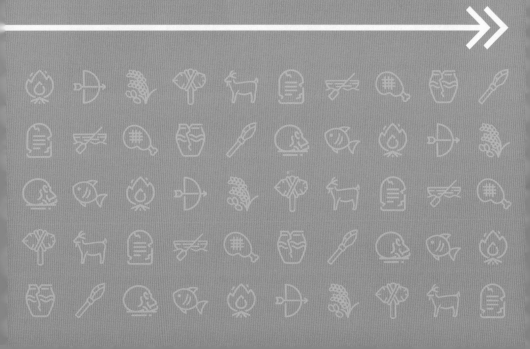

そもそも人間って なんだろう?

地球で暮らす動物のなかで
人間だけが文明を築いている

考えてみよう
- 人間と動物の違いってなんだろう?
- 人間はどうしてたくさんいるんだろう?

★ 私たちっていったいどんな存在？

地球にはたくさんの動物が暮らしています。ペットの犬や猫、金魚や鯉などの魚、スズメや鳩、カラスなどの鳥、カブトムシやクワガタ、蝶などの虫もすべて動物です。動物園に行けば、もっとたくさんの種類の動物を見ることができるでしょう。

「そんなの当たり前！ 言われなくても知ってるよ!!」と思うかもしれません。それでは、私たち「人間」も動物であることは知っていましたか？ 知っているうえで、さらに意識したことはありましたか？

私たち人間は、言葉、服、家、道具などを作り、集まって協力しながら暮らしています。こうした高度な文化を持つ社会を「文明」と呼び、それはほかの動物にはない人間だけが持つ特徴です。そのため、どこか特別な存在に感じるかもしれませんが、人間もまた動物なのです。

それではどうして人間だけが文明を築き、世界中で暮らすようになったのでしょうか？ ほかの動物たちと人間はいったいどこが違うのでしょうか？ そもそも人間とはどんな存在なのでしょうか？ 難しい問題ですが、しっかり考えてみましょう。

第1章　人間について考えてみよう！

世界の人口は80億4500万人

DATA

「世界人口白書2023」

国連人口基金（UNFPA）が世界の人口について調査した『世界人口白書2023』によると、2023年の世界人口は80億4500万人で、初めて80億人を突破しました。人口第1位の国はインドで14億2860万人、日本は1億2330万人で12位です。

【2023年・世界人口ランキング】

	国名	人口
1位	インド	14億2,860万人
2位	中国	14億2,570万人
3位	アメリカ	3億4,000万人
⋮		
12位	日本	1億2,330万人

人の外見の違いってなんだろう?

肌・髪・瞳の色が違っても
みんな同じ人間

考えてみよう
- 見た目が違うと何が違うんだろう
- 自分にはどんな特徴があるんだろう

★外見の違いは、外見の違いでしかない！

　世界には80億人の人間が暮らしていますが、肌や髪、瞳の色、体の大きさなど、さまざまな外見を持つ人たちがいます。こうした外見的な特徴の違いがあると、いったい何が違うのでしょう？

　もしかすると、自分と外見の違う人たちは、自分とは種類の違う人間だと考えてしまうかもしれません。しかし、私たち人間は、生物学的に見れば「ホモ・サピエンス」というひとつの生物種です。見た目が違っても、生き物としてはみんな同じで、ホモ・サピエンスからさらに細かく分類することはできません。

　しかし、過去にはさまざまな理由からこうした人間の見た目の違いを人の種類＝「人種」の違いとする考えもありました。しかし、こうした考えは、現在の人類学者や生物学者の間では間違った考え方として完全に否定されています。

　それでは、肌や髪、瞳の色が違うといったい何が違うのでしょうか？みんな同じ人間＝ホモ・サピエンスであること。これを踏まえて考えてみましょう。

第1章　人間について考えてみよう！

知っておくべきコトバ

ホモ・サピエンス

ラテン語の学名で、属名ホモは「人」、種名サピエンスは「賢い」という意味で、「賢い人」を意味しています。現在生きている唯一の人類＝現生人類であり、今から約30万年前に誕生し、地球でもっとも繁栄している動物です。

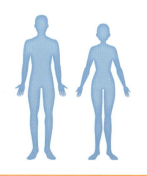

人間の祖先はサルって本当？

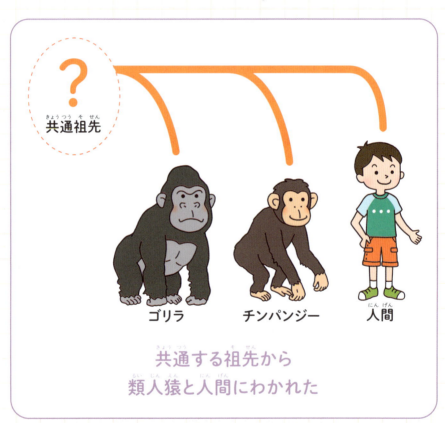

共通する祖先から
類人猿と人間にわかれた

考えてみよう
- 人間にもっとも近い動物を調べてみよう
- 類人猿にはどんな動物がいるか調べてみよう

★ サルと類人猿と人間の違いとは?

突然ですが、「人間に似ている動物は?」と聞かれたら、どんな動物を思い浮かべますか? 多くのみなさんが、サルを思い浮かべたのではありませんか? もしかしたら、「人間はサルから進化した」という話を聞いたことがあるかもしれません。

確かに、サルの顔の造りは人間に似ています。手を使えることも人間に似ている部分ですし、ちょっとした仕草が似ていると感じる人もいると思います。

それもそのはず。遠い遠い昔に人間と猿は同じ祖先からわかれた仲間なのです。地球の生物は、「界・門・綱・目・科・属・種」で分類することができ、人間とサルは同じ「サル目」に属していて、人間は「サル目ヒト科ヒト属」、サル（ニホンザル）は「サル目オナガザル科マカク属」となります。

ところが、人間と同じ「ヒト科」には、ゴリラやチンパンジーなどの「類人猿」が含まれます。人間は類人猿と共通の祖先から枝わかれして今の姿になったので、人間に似ているのは実は類人猿なのです。

第1章 人間について考えてみよう!

知っておくべきコトバ

類人猿

人間に類するヒト上科の動物の通称で、大型のオランウータン、ゴリラ、チンパンジー、ボノボ、小型のテナガザルとフクロテナガザルなどが含まれます。いずれも知能が高く、社会的な生活を営んでいるという特徴があります。

進化ってなんだろう?

すべての生き物は進化の結果
今の姿になっている

考えてみよう
- 進化・成長・進歩の違いについて考えてみよう
- キリンの首はなぜ長いのか調べてみよう

★進化にはとても長い時間が必要

　現在、地球にはさまざまな生き物が暮らしていますが、私たち人間も含め、単純な生き物から数十億年というとても長い時間をかけて少しずつ変化して今の姿になっています。これを「進化」と言います。

　ところで、進化と聞いて、みなさんはどんなことを思い浮かべますか？「キャラクターが進化した」「スポーツ選手のプレーが進化した」「スマホの性能が進化した」といった使われ方をするので、おそらく、成長や進歩のイメージがあるのではないでしょうか？

　しかし、生物の進化は、親とは少し違う性質を持つ子どもが生まれ、その性質がたまたま環境に合っていたり、子孫を残しやすかったり、運良く生き残ったりして、その子どもの子ども、さらにその子どもと代々受け継がれていき、その途中でまた少し違う特徴を持つ子どもが生まれ、やがてもともとの親とは違う生き物に変わっていくことなのです。つまり、進化して優れた生物になるわけではないのです。

　少し難しい話ですが、進化について知りたい人は、「キリンの首はなぜ長くなったのか？」その理由について調べてみてください。

第1章　人間について考えてみよう！

知っておくべきコトバ

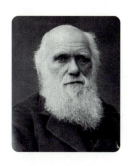

チャールズ・ダーウィン

イギリス出身の自然科学者、地質学者。1859年に『種の起源』という本を出版し、「すべての生物は共通の祖先から長い時間をかけて進化した」という考えを初めて発表しました。この考え方は「進化論」として広く認められており、現代の生物学、進化生物学の基本となっています。

どうして大昔(おおむかし)のことがわかるの?

遺跡(いせき)、遺構(いこう)、石器(せっき)、土器(どき)、化石(かせき)など
さまざまな痕跡(こんせき)を分析(ぶんせき)して研究(けんきゅう)している

？考(かんが)えてみよう

- 遺跡(いせき)はどうして残(のこ)っているんだろう?
- どうやって時代(じだい)を調(しら)べるんだろう?

★さまざまな方法で人類の痕跡を調査

「人間はチンパンジーと共通の祖先から枝わかれし、長い時間をかけて今の姿になった。それは理解できたけど、どうして昔の人間のことがわかるの？」と思った人は少なくないでしょう。

昔のことを調べる学問を「考古学」といいます。考古学では、地中に残された「遺跡・遺構・石器・土器」といったさまざまな人間の生活の痕跡を調べて、「どんな暮らしをしていたか」「時代によってどんな変化があるのか」などを研究しています。

また、昔の人たちがどんな姿をしていたのか、どんな進化の道筋をたどってきたのかを人類の化石から調べている研究者もいます。近年、古い時代の化石人骨から人間の設計図にあたる「ゲノム」を取り出して分析する「古代ゲノム解析」という方法が確立したことで、人類の進化についてかなりのことがわかってきました。

人間の進化の過程や系統について、人類の化石などから調べる学問を「古人類学」、ゲノム解析から調べる学問を「分子人類学」と呼びます。本書では、おもに分子人類学をもとに人類の歴史を追っていきます。

第1章 人間について考えてみよう！

知っておくべきコトバ

ゲノム

たとえば、「親子で顔が似ている」「特定の病気になりやすい」といったように、親のさまざまな特徴が子どもに伝わることを遺伝と言います。その遺伝情報のことをゲノムと呼びますが、ゲノムに関しては、のちほどくわしく説明します（66ページ参照）。

COLUMN

人間はこれ以上進化しない？

　人間は数十億年という長い時間をかけて、現在の姿になりましたが、すでに生物として完成しているのでしょうか？　それとも進化はまだまだ続くのでしょうか？

　進化のポイントとなるのは、環境への適応です。かんたんに言えば、生き残りやすい特徴を持つものが生き残り、子孫を残していくのです。環境が変われば、生き残りやすい特徴も変わるので、仮に地球環境が変われば、その環境に適応するように進化した人間が現れる可能性はあります。実際、地球に現れたばかりの人間と現代の人間では細かい特徴が異なっているので、進化は続いていると言えます。

　また、記憶に新しいコロナのような新しい病気が地球規模でまん延すれば、それに対して抵抗できる遺伝子を持つ人が生き残り、子孫が増えて新しい人間になるのかもしれません。しかし、人間は技術によって環境に適応できるという他の生物にはない特徴を持っています。コロナ禍では、コロナに対抗できるワクチンを作って、コロナ禍を乗り切ることができました。病気だけでなく、寒ければ防寒具を着用し、暑ければエアコンでしのぐこともできます。つまり、環境へ適応しなくても生き残れるので、これ以上の大きな進化はないのかもしれません。

第2章 人間が生まれるまで

1

地球が生まれたのは約46億年前

地球の歴史を1年に置き換えた「地球カレンダー」

1月 1日	地球誕生（約46億年前）
2月 9日	海と陸ができる（約41億年前）
3月21日	微生物の出現（約36億年前）
6月15日	ラン藻類の出現（約25億年前）
9月27日	多細胞生物の出現（約12億年前）
11月21日	魚類の出現（約5億年前）
12月 3日	脊椎動物が陸上へ（約3億年前）
12月 7日	恐竜の出現（約2.5億年前）
12月12日	哺乳類の出現（約2.3億年前）
12月19日	鳥類の出現（約1.5億年前）
12月25日	恐竜全盛期（約7000万年前）
12月25日	恐竜絶滅（約6500万年前）
12月27日	哺乳類の繁栄（約5000万年前）
12月31日	人間の出現（約30万年前）

人間の出現は 12月31日23時25分43秒

↑ 地球の歴史を1年にたとえると人間の歴史はたったの34分17秒！ほんのわずかな時間にすぎない

★ 地球の歴史は長く、人間の歴史は短い

　私たちが住んでいる地球は、今から約46億年前に生まれたと考えられています。しかし、46億年といわれてもピンとこないと思いますので、46億年を1年（365日）に置き換えた「地球カレンダー」でおおまかな地球の歴史を見ていきます。

　1年の始まりである1月1日の0時（46億年前）に、地球が誕生します。その後、海と陸が出来たのが2月9日（約41億年前）でした。そして、すべての生物の起源となる微生物が、3月21日（約36億年前）に出現します。今いる地球上の生物はこの微生物から進化してきたのです。そして、酸素を発生させるラン藻類が出現したのが7月25日（約25億年前）で、この生物の出現で太古の地球環境は生物に適したものに変化し始めました。

　その後、多細胞生物が9月27日（約12億年前）に出現し、魚類が11月23日（約5億年前）に現れ、12月3日（約3億年前）に脊椎動物が陸上に進出しました。

　そして、12月11日（約2.5億年前）に恐竜が出現します。恐竜は約18日間（約2億年）もの間、繁栄していましたが、12月25日に絶滅してしまいました。恐竜が繁栄していた12月12日（約2.3億年前）に、私たち人間の遠い祖先となる哺乳類が、12月19日（約1.5億年前）鳥類が出現し、地球は生命に満ちあふれた星となったのです。

　そして、ホモ・サピエンスと呼ばれる私たち人間は、1年も終わりに近い12月31日23時27分13秒（約30万年前）になって地球に出現しました。地球の歴史全体から見れば、私たち人間の歴史はほんのわずかな時間でしかありませんが、そのわずかな時間で高度な文明を築きあげ、繁栄を謳歌しているのです。

人類が生まれたのは
およそ700万年前

「地球カレンダー」12月31日の詳細

10時40分10秒	猿人の出現（約700万年前）
19時25分46秒	原人の出現（約240万年前）
23時25分43秒	人間の出現（約30万年前）
23時59分12秒	文明発祥（約7000年前）
23時59分46秒	西暦の始まり（2024年前）
23時59分59.83秒	21世紀の始まり（24年前）

「地球カレンダー」の1秒は146年に相当

- 1日=1260万年
- 1時間=52.5万年
- 1分=8752年
- 1秒=146年
- 0.1秒=15年

700万年ってすごく昔のことに感じるけど地球の歴史から見れば最近のことなんだね！

↑ 今からおおよそ700万年前
人類とチンパンジーは枝わかれして
それぞれ進化したと考えられている

★人間の歴史はたったの30分！

前ページの 1 では、「地球カレンダー」で地球の歴史を生物を中心にざっと見てきましたが、ここでは人類史の中心となる 12 月 31 日をくわしく見ていきます。

まず、10 時 40 分（約 700 万年前）ごろ、チンパンジーとの共通祖先から、人類のもっとも古い祖先である「猿人」が枝わかれしたと考えられています。つまり、地球の歴史の最後の 1 日のお昼前になって、ようやく人類の遠い祖先が現れたわけです。

その後、猿人の時代が 500 万年ほど続き、19 時 25 分 46 秒（約 240 万年前）にはもう、私たちホモ・サピエンスと同じホモ属の「原人」が出現します。お昼前から夕ごはんの時間までの間にかけ足で人間は進化してきたのです。

そして、私たちホモ・サピエンスが出現したのは、前に説明したように 23 時 25 分 43 秒（約 30 万年前）です。1 年の残りがわずか 30 分強となって、飛びこむように地球の歴史の舞台に私たち人間は登場します。

その後、数十万年をかけて世界中に散らばったホモ・サピエンスは、23 時 59 分 12 秒（7000 年前）に、いくつかの文明を生み出しました。1 年が終わるわずか 48 秒前ですから、地球の歴史から見れば私たち人間の文明社会は、ごくごくわずかな時間にすぎないことがわかるでしょう。

西暦の始まりは 23 時 59 分 46 秒（2024 年前）、21 世紀の始まりは 23 時 59 分 59.83 秒です。このわずかな時間で、人間は文明をどんどん発展させ、高度な文明を作り上げたのです。その反面、ほぼ 1 年をかけてできあがった地球の環境を、わずか数秒というものすごい速度で悪化させてしまっていることも忘れてはなりません。

第 2 章 人間が生まれるまで

3

最初の人類「猿人」は アフリカで見つかった！

初期の猿人たち

みんなアフリカで見つかってるよ！

サヘラントロプス・チャデンシス
- 生息年代：700万年前
- 発見場所：北アフリカ・チャド共和国
- 最古の人類化石
- 頭骨が背骨の真上にある
- 身長113cm、体重43.5～49.4kg（推定）
- 愛称「トゥーマイ」

オロリン・トゥゲネンシス
- 生息年代：600万年前
- 発見場所：東アフリカ・ケニア
- 2番目に古い人類化石
- 臼歯が大きく、犬歯が小さい
- チンパンジー程度の大きさ
- 直立二足歩行の可能性が高い

アルディピテクス・カダッバ
- 生息年代：580万～520万年前
- 発見場所：東アフリカ・エチオピア
- 3番目に古い人類化石
- 犬歯は大きめ
- 関節構造から直立二足歩行の可能性大

アルディピテクス・ラミダス
- 生息年代：440万年前
- 発見場所：東アフリカ・エチオピア
- 腕が長く樹上生活にも適した骨格
- 足の指が物をつかめる構造
- 犬歯は小さい
- 直立二足歩行の可能性が高い

↑ サヘラントロプス属、オロリン属　アルディピテクス属に　つながりがあるかはわかっていない

★700万年におよぶ人類史の始まり！

　人類がチンパンジーとの共通祖先から枝わかれしたのは、これまでに発見された化石やDNA分析の結果から、今から約700万年前と推定されています。枝わかれした最初の人類は「猿人」と呼ばれ、北アフリカのチャドで発見された「サヘラントロプス・チャデンシス」の化石が、そのころのものと考えられています。

　2番目に古い人類の化石は、東アフリカのケニアで発見された「オロリン・トゥゲネンシス」で、600万年前のものと推定されています。次に古い人類が、東アフリカのエチオピアで発見された「アルディピテクス・カダッバ」で、580～520万年前と推定されています。エチオピアでは、同じアルディピテクス属の仲間で、年代が440万年前と推定される「アルディピテクス・ラミダス」も発見されました。この3種類の猿人は「初期猿人」と呼ばれており、いずれもアフリカで見つかっているのがポイントです。

　現時点では初期猿人の間につながりがあるかはわかっておらず、新しい化石の発見などによって、研究が進むことが期待されています。

初期猿人の発見場所

アフリカで出土

3種類の初期猿人は、いずれもアフリカで発見されています。発見場所を地図上にまとめてみると、中央部～東部の比較的近い場所で発見されていることがわかります。そのため、初期の人類はこの辺りで出現したのではないかと推測されています。

4 猿人の仲間は何種類も見つかっている

華奢型猿人と頑丈型猿人

●華奢型猿人（アウストラロピテクス属）

アウストラロピテクス・アナメンシス
生息年代：420万〜370万年前　発見場所：東アフリカ・ケニア

アウストラロピテクス・アファレンシス
生息年代：370万〜300万年前　発見場所：東アフリカ・エチオピア

アウストラロピテクス・アフリカヌス
生息年代：300万〜250万年前　発見場所：南アフリカ・南アフリカ共和国

アウストラロピテクス・ガルヒ
生息年代：260万〜250万年前　発見場所：東アフリカ・タンザニア

●頑丈型猿人（パラントロプス属）

パラントロプス・エチオピクス
生息年代：270万〜230万年前　発見場所：東アフリカ・エチオピア

パラントロプス・ロブストス
生息年代：180万〜140万年前　発見場所：南アフリカ・南アフリカ共和国

パラントロプス・ボイセイ
生息年代：230万〜140万年前　発見場所：東アフリカ・タンザニア

昔のアフリカにはいろんな種類の猿人が生きていたんだね！

★2種類の系統にわかれた猿人

　初期猿人のあとに現れたのが、華奢型猿人と呼ばれる「アウストラロピテクス属」です。身長は120〜140センチメートル程度と推測されており、頭蓋骨が細身で歯とあごが小さめという特徴があります。

　アウストラロピテクス属でもっとも古い化石が420万年前と推定される「アウストラロピテクス・アナメンシス」で、その後「アファレンシス」「アフリカヌス」「ガルヒ」などが発見されています。初期猿人は東アフリカでのみ発見されていますが、アフリカヌスはアフリカ大陸の南端に位置する南アフリカ共和国で発見されており、猿人の生息範囲が広がっていたことがうかがえます。

　続いて、頑丈型猿人と呼ばれる「パラントロプス属」は、270〜260万年前に出現しました。身長は120〜150センチメートル程度と推測され、頭蓋骨が大きく歯とあごが巨大という特徴があります。「エチオピクス」「ロブストス」「ボイセイ」の3種類が確認されていますが、パラントロプス属はアウストラロピテクス属に含まれるとする説やエチオピクスのみアウストラロピテクス属とする説もあります。

第2章　人間が生まれるまで

別系統の猿人も存在

ケニアントロプス・プラティオプス

ケニア南部、エチオピアとの国境付近に位置するトゥルカナ湖で発見された、350〜320万年前の化石人類。頬骨が前に張り出した平坦な顔が特徴です。アファレンシスと生息年代と生息地域が重なっており、共存していたと考えられています。

Kenyanthropus platyops, skull (model).JPG　ing. Pavel Švejnar

5

人類だけが立って歩き始めた！

直立二足歩行は人類最大の特徴

四足歩行

サルは四肢の手のひらを地面につけて歩く「四足歩行」です。立って歩くこともできますが、通常は四足歩行をしています。

ナックルウォーク

ゴリラやチンパンジーは、後肢は足の裏、前肢は拳を握り指の背を地面につけて歩く「ナックルウォーク」です。

直立二足歩行

脚と脊椎を垂直に立てて歩くのが「直立二足歩行」です。地球上の生物で人間だけができる歩き方です。

↑ **直立二足歩行ができるかできないかが類人猿と人類をわける大きなポイント**

★直立二足歩行はメリットがたくさん

「直立二足歩行」というのは、「脚(大腿骨)を脊椎(背骨のひとつ)に対して垂直に立てて歩く」歩き方です。類人猿から枝わかれした猿人は、進化の過程で直立二足歩行ができるようになったのですが、そのおかげでたくさんのメリットを得ることになりました。

まず、両手が自由に使えることで、物を運ぶ、道具や武器を使うことができるようになりました。また、頭の位置が高くなったことで視点が高くなり、遠くまで見渡せるようになりました。危険な肉食獣を早めに発見したり、獲物を見つけたりしやすくなり、生き残りやすくなったのです。

そして、体の構造が大きな脳を下から支えられるように変化したこともポイントです。猿人は次第に脳が大きくなっていきますが、背骨の上に頭が乗る構造でなければ、それを支えることはできなかったはずです。

単純な二足歩行ができる生物は、鳥類やカンガルー、サル、クマなど多数存在しますが、現在、直立二足歩行ができるのは人間だけであり、人間とほかの生物とを明確にわける大きな特徴となっています。

> **ミニコラム**
>
> ## ペンギンは直立二足歩行ではない
>
> ペンギンは、一見すると直立二足歩行をしているように思えます。しかし、ペンギンの大腿骨は脊椎に対してほぼ直角であり、常に膝が曲がっている状態で立っています。それが隠れて見えないため、直立二足歩行をしているように見えているだけなのです。

6

脳が大きくなった
新しい人類「原人」

おもな化石人類の脳容量（推定平均値）

単位：cc

化石人類	脳容量
サヘラントロプス・チャデンシス	350〜380cc
アルディピテクス・ラミダス	300〜350cc
アウストラロピテクス・アファレンシス	446cc
アウストラロピテクス・アフリカヌス	461cc
パラントロプス・ボイセイ	508cc
パラントロプス・ロブストス	493cc
ホモ・ハビリス	654cc
ホモ・エレクトス（アフリカ）	801cc

脳がどんどん大きくなっているね

進化ってすごいね！

↑ 200万年前に現れた初期の原人
ホモ・エレクトスは
猿人の約2倍の大きさの脳を持っていた

出典：Tuttle, R. H. (2014). Apes and human evolution. Harvard University Press.
Schoenemann, P. Thomas, (2013).「Hominid brain evolution」in A companion to paleoanthropology edited by D. R. Begun, Chichester, UK: Wiley-Blackwell, pp. 136-164

★猿人の脳の大きさはチンパンジーと同程度

　チンパンジーと枝わかれした直後の初期猿人、サヘラントロプス・チャデンシスの脳の大きさは、チンパンジーとほぼ同程度の350〜380ccと推定されています。その260万年後に登場したアルディピテクス・ラミダスも、脳容量は300〜350ccと推定されています。ラミダスが身長120センチメートル程度とチャデンシスより小型の猿人だったことを考えると、脳の大きさの比率は変わっていないといえます。その次に出現したアウストラロピテクス属も、脳の大きさはそれほど変わりませんでした。ただし、生息年代が比較的新しい頑丈型猿人のパラントロプス属は、やや大きめの脳を持っています。

　ところが、猿人に続いて人類史に登場する「原人」になると、脳は一気に大きくなります。240万年前に出現した最初の原人「ホモ・ハビリス」の脳の大きさは654cc、200万年前に登場した「ホモ・エレクトス」の脳の大きさは801ccと推定されています。チンパンジーや初期猿人の2倍以上の大きな脳を持つようになったエレクトスは、ユーラシア大陸に進出し、精巧な石器を作り、火を扱えるようになったと考えられています。

第2章　人間が生まれるまで

知っておくべきコトバ

ユーラシア大陸

ユーラシア（Eurasia）とは、ユーロッパ（Europe）＋アジア（Asia）を合体させた造語で、ヨーロッパとアジアを合わせた大陸のことを指します。面積5492万平方kmで、全陸地面積の37%を占めています。

7

私たちの祖先「ホモ属」の出現

最初のホモ属は240万年前に出現

ホモ・ハビリス / ホモ・ルドルフエンシス

生息年代：240万〜140万年前
発見場所：東アフリカ・タンザニア

- 最初期のホモ（ヒト）属
- 小型のものがハビリス、大型のものがルドルフェンシス
- 腕が長く類人猿に近い

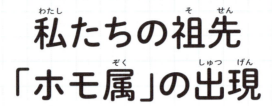

どんな姿でどんな暮らしをしていたのかな？

ホモ・エレクトス

生息年代：200万〜10万年前
発見場所：南アフリカ共和国・インドネシア・中国など

- 脳容積が現代人の75％程度と大きい
- アフリカを出てユーラシア大陸に進出した最初のホモ属
- 精巧な石器を作り、火も使用
- 北京原人やジャワ原人

200万年前アフリカに出現し、10万年前まで生息していました。アフリカから旅立った最初の人類で、中国の北京やインドネシアのジャワ島で化石が見つかっています。

ホモ・エルガステル

生息年代：180〜70万年前
発見場所：東アフリカ・ケニア

- 全身の骨格がほぼそろった状態で発見
- 脳容積は1000cc未満
- 身長約160cmで現代人に近い体型

トゥルカナ・ボーイ

ケニアのトゥルカナ湖で全身の骨格が発見されたアフリカの原人。160万年前のものとされ、「トゥルカナ・ボーイ」と呼ばれています。

Turkana Boy Claire Houck from New York City, USA

★ついに人類はアフリカを旅立った！

　私たちホモ・サピエンスと同じホモ属の原人が現れたのは、今から240万年前のアフリカです。最初の原人とされる「ホモ・ハビリス」は、東アフリカのタンザニアで見つかりました。腕が長く、類人猿に近い姿をしていたとされています。また、タンザニアではハビリスの仲間である「ホモ・ルドルフエンシス」も見つかっています。ハビリスは小型、ルドルフエンシスは大型の種で、のちのホモ属につながると考えられています。

　続いて人類の歴史に登場するのが、200万年前のアフリカに現れた「ホモ・エレクトス」です。現代人の75％程度という大きな脳を持ち、それまでの人類よりも精巧な石器を作り、火も使っていたことがわかっています。エレクトスは、少なくとも180万年前にはユーラシア大陸に到達していました。

　そのほか、ケニアでは現代人に近い体型の「ホモ・エルガステル」、インドネシアのフローレス島では身長1メートルと小型の「ホモ・フロレシエンシス」など、ホモ属の仲間は世界各地で見つかっています。

第2章　人間が生まれるまで

ホモ・ナレディ

猿人と原人の特徴を持つホモ属

南アフリカのヨハネスブルグ近郊で見つかった「ホモ・ナレディ」は、30万年前のものとされています。猿人のアウストラロピテクス属とホモ・エレクトスの特徴をあわせ持っており、ホモ属のルーツにあたるのか、それとも別の系統なのか、いろいろな説があり、現在も結論は出ていません。

猿人に近い部分
- 脳が小さい
- 肩の形状
- 手の指が長い
- 骨盤の形

原人に近い部分
- 手のひらの形状
- 脚が細長い
- 脚の筋肉
- 土踏まず

35

8

私たち「ホモ・サピエンス」が誕生したのは約30万年前

進化したホモ属

ホモ・ハイデルベルゲンシス
- 生息年代：60万〜30万年前
- 発見場所：ドイツ・ハイデルベルク
  - 身長約145〜185cm、体重約50〜68kg
  - 脳容量が大きい
  - ホモ・エレクトスの亜種の可能性あり
  - ネアンデルタレンシスより原始的

ホモ・ネアンデルタレンシス
- 生息年代：30万〜4万年前
- 発見場所：ドイツ・ネアンデル谷
  - 身長約150〜175cm、体重約64〜82kg
  - がっちりとした体型
  - 脳容量が非常に大きい
  - 隆起した眉、突き出た鼻、太い頬骨

ホモ・サピエンス
- 生息年代：30万年前〜現在
- 発見場所：南アフリカ・エチオピア（最初の発見場所）
  - 現生人類＝人間
  - 唯一生き残っているホモ属
  - 脳容量が大きい
  - アフリカで誕生し世界へ拡散

私たちの祖先もアフリカで生まれたのね！

アフリカからどうやって世界に広がったんだろう？

↑ アフリカで誕生したホモ・サピエンス＝人間は世界中に広がっていった

★ドイツで見つかった新しい時代のホモ属

　アフリカからユーラシア大陸に広がっていったホモ・エレクトスに続いて、60万年前になると「ホモ・ハイデルベルゲンシス」が現れます。ドイツのハイデルベルグで発見され、身長約145〜185センチメートル、体重約50〜68キログラムという現代人に近い体と大きな脳を持っていました。ハイデルベルゲンシスは、エレクトスの亜種とする説もありますが、エレクトスより脳が大きいため、進化途中の段階にある種とする説もあります。

　ドイツでは、「ネアンデルタール人」として知られる「ホモ・ネアンデルタレンシス」も見つかっています。30万年前に出現し、4万年前まで生きていたとされています。身長約150〜175センチメートル、体重約64〜82キログラムとガッチリした体型で、現代人よりも大きな脳を持っていました。

　そして、30万年前のアフリカで、ついに私たちホモ・サピエンスが誕生します。現在まで生き残っている唯一のホモ属で、今では80億人が世界各地で暮らしています。

デニソワ人

なぞが多い未知の人類

2010年に、ロシアのデニソワ洞窟で指の骨と臼歯が発見されました。これらから抽出したDNAを分析した結果、それまで知られていなかった未知の人類であることが判明、「デニソワ人」と名付けられました。DNAだけで新しい種類と認められた初めての人類となります。

ホモ属はどんどん脳が大きくなった

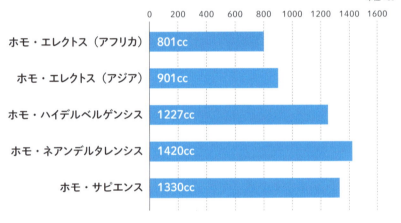

ホモ属の脳容量（推定平均値）
単位：cc

- ホモ・エレクトス（アフリカ）：801cc
- ホモ・エレクトス（アジア）：901cc
- ホモ・ハイデルベルゲンシス：1227cc
- ホモ・ネアンデルタレンシス：1420cc
- ホモ・サピエンス：1330cc

ネアンデルタール人は私たちより脳が大きいんだね！

頭もよかったのかな？

↑ 私たちホモ・サピエンスの脳は原人ホモ・エレクトスの約1.5倍まで大きく進化した

出典：Tuttle, R. H. (2014). Apes and human evolution. Harvard University Press. Schoenemann, P. Thomas, (2013). 「Hominid brain evolution」in A companion to paleoanthropology edited by D. R. Begun, Chichester, UK: Wiley-Blackwell, pp. 136-164

★ネアンデルタール人は現代人より脳が大きかった

　猿人が登場した 700 万年前から 400 万年以上経過しても、猿人の脳の大きさはほとんど変化しませんでした（32 ページ参照）。生息年代が比較的新しい、頑丈型猿人のパラントロプス属は少しだけ大きな脳を持っていましたが、それでも 500cc にすぎません。

　ところが、240 万年前に出現したホモ属は大きな脳を持っていました。アフリカで暮らしていた初期のホモ・エレクトスの脳の大きさは 801cc と推定されており、チンパンジーの約 2 倍の大きさにまで進化します。180 万年前にアフリカを旅立ち、アジアに到達したエレクトスの脳の大きさは 901cc と推定されており、アフリカで見つかった古い年代のものより 100cc ほど増加しています。

　ずっと年代が下って 60 万年前に出現したホモ・ハイデルベルゲンシスの脳の大きさは 1227cc と、現代人に匹敵する大きさになりました。さらに 30 万年前に出現したネアンデルタール人（ホモ・ネアンデルタレンシス）は、現代人を上回る 1420cc という大きな脳を持っていたと考えられています。がっちりとした体格だったとはいえ、かなり大きな脳を持っており、高い知能を有していたと考えられています。

　その証拠に、石器の製作、火起こし、衣服の着用、食べ物の保存、かんたんな調理など、技術的に洗練された生活をしていたことがわかっています。かつてネアンデルタール人は野蛮で原始的な生活を送っていた人たちだと考えられていましたが、そのイメージは覆されたのです。

　そして、30 万年前に登場したホモ・サピエンスの脳は 1330cc です。チンパンジーの 3 倍以上、エレクトスの 1.5 倍まで大きくなりました。この大きな脳のおかげで、ホモ・サピエンスはさまざまな技術を生み出し、文明を発展させることができたといえるでしょう。

10
人間はほかの人類たちと交流していた

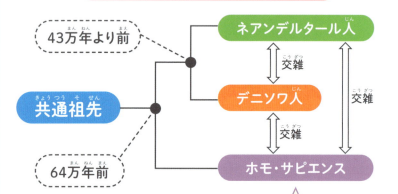

3種類のホモ属が遺伝子を交換

43万年より前 — ネアンデルタール人
共通祖先
64万年前 — ホモ・サピエンス

ネアンデルタール人 ⇅ 交雑 ⇅ デニソワ人
デニソワ人 ⇅ 交雑 ⇅ ホモ・サピエンス
ネアンデルタール人 ⇅ 交雑 ⇅ ホモ・サピエンス

ホモ・サピエンス、ネアンデルタール人、デニソワ人は共通の祖先を持つと考えられており、数万年間共存し、交雑（異なる種の間で子孫を残すこと）していたことがわかっています。

ホモ・サピエンスが持っているネアンデルタール人由来の遺伝子
体毛　体色　免疫系
寒冷気候への適応

↑ **ホモ・サピエンスの遺伝子にはネアンデルタール人とデニソワ人から受け取ったものが多数含まれている**

★私たちのなかに生きている過去の人類

　私たちホモ・サピエンスの直接の祖先は見つかっていませんが、同じホモ属のネアンデルタール人、デニソワ人と共通の祖先から64万年前に枝わかれし、その後ネアンデルタール人とデニソワ人が43万年より前に枝わかれしたと考えられています。

　ホモ・サピエンスがアフリカで誕生したのは30万年前で、その後ユーラシア大陸に拡散し、ネアンデルタール人やデニソワ人と数万年間共存し、これら3種間で交雑し子孫を残してきたことがDNA解析でわかってきました。つまり、私たちのゲノムのなかには、ネアンデルタール人やデニソワ人の遺伝子も残されているのです。

　たとえば、私たちの体毛や体色、免疫、寒冷な気候への適応能力の一部はネアンデルタール人由来の遺伝子、高地への適応能力はデニソワ人由来の遺伝子によるものです。

　ネアンデルタール人との交雑は10万年以上前から行われていたと考えられていますが、細かいことまではわかっていません。今後の研究が待たれるところです。

第2章　人間が生まれるまで

ゲノムが解析された、もっとも古い人類化石

スペインで見つかったシマ人

スペインのシマ・デ・ロス・ウエソス洞窟から発見された43万年前の化石人骨をゲノム解析した結果、ネアンデルタール人の祖先にあたることが判明しました。これが、現在までに解析されたなかで、もっとも古い人類のゲノム情報となっています（2024年10月現在）。

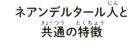
ネアンデルタール人と共通の特徴

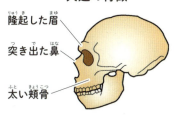
隆起した眉
突き出た鼻
太い頬骨

comparaison des crânes d'Homo sapiens (gauche) et Homo neanderthalensis (droite) - DAO Vincent Mourre 2006
comparison of Homo sapiens (left) and Homo neanderthalensis (right) skulls User:120

11

人間だけが生き残りほかの人類は絶滅してしまった

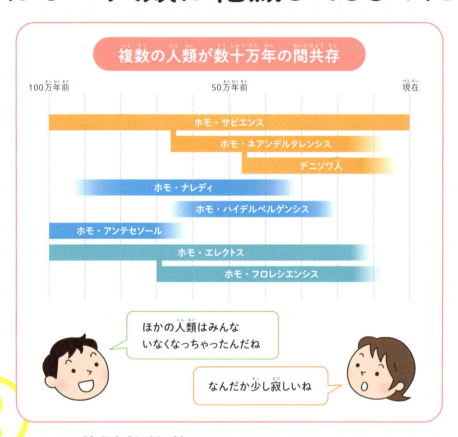

↑ 数十万年前まで複数のホモ属が共存していたがホモ・サピエンスだけが生き残った

★ホモ属の仲間はしばらく共存していた!?

現在生き残っているホモ属は私たちホモ・サピエンスだけですが、100万年前のアフリカ大陸とユーラシア大陸には、何種類ものホモ属が暮らしていました。ホモ・サピエンス、ネアンデルタール人、デニソワ人の関係については前述したとおりですが、それ以外のホモ属がどのように関係していたのかはほとんどわかっていません。

ホモ属のなかで最長の歴史を持つのが、200万年前に出現したホモ・エレクトスです。アフリカからユーラシア大陸にかけて広範囲に生息し、化石などの証拠から10万年前まで存在していたことがわかっています。生息期間は驚きの190万年。私たちホモ・サピエンスは30万年ですから、その6倍も種を保っていたわけです。

このエレクトスから枝わかれし、小型化したと考えられているのがインドネシアのフローレス島で発見されたホモ・フロレシエンシスです。こちらは6万年前まで生息していたと考えられていますが、ちょうどそのころ、ホモ・サピエンスがこの地域に進出しているため、生存競争に敗れて絶滅してしまったのかもしれません。

ホモ・アンテセソールは、スペインで見つかった85万年前の人類です。ヨーロッパ最古のホモ属ですが、その系統はわかっていません。ホモ・ハイデルベルゲンシスと関連しているという説もありますが、結論は出ていません。

南アフリカで発見されたホモ・ナレディもなぞの多い人類です。猿人と原人の両方の特徴を持っていることは前述したとおりですが、ホモ属の祖先なのか、別の種なのかなど、不明なことばかりです。

今後、新たな化石の発見や古代ゲノムの解析が進むことで、これらの人類の関連性が明らかになっていくことでしょう。

第2章 人間が生まれるまで

COLUMN

初期のホモ・サピエンス「クロマニョン人」

　クロマニョン人は、南フランスのクロマニョン岩陰で最初に発見されました。発見場所にちなんでクロマニョン人と呼ばれていますが、ホモ・サピエンスに属している初期の現生ヨーロッパ人で、その後、ヨーロッパや北アフリカ各地でも人骨が発見され、広範囲に生息していたと考えられています。

　クロマニョン人は、180センチメートル前後の長身で頑丈な骨格と頑強な筋肉を持っていたと推測されています。多くの点で現代人と似ており、私たちと解剖学的に大きな違いはありません。そのため、「解剖学的現代人」と呼ばれます。つまり、脳の大きさも、そして知能も私たちと同程度だったと考えられ、ミトコンドリアDNAとY染色体の解析の結果、現在のヨーロッパ人の祖先であることが判明しています。

　彼らは、石の面に連続して打撃を加え、多量の石刃を剥離させる「石刃技法」という高度な石器製造技術を持っており、弓矢や投げ槍、釣り針なども発明したと考えられています。また、フランスのラスコー洞窟の壁画（54ページ参照）やスペインのアルタミラ洞窟の壁画に代表される洞窟壁画や動物や女性の像をたくさん残しており、死者を埋葬するなど高度な文化を持っていたことがわかっています。

第3章
昔の人類の暮らしを知ろう

1 小さなグループで助け合って暮らしていた

人類の進化とグループの規模

猿人
50人

原人
100人

ホモ・サピエンス
150人

ホモ・サピエンスはおおよそ150人の集団をつくっていたと考えられている

仲間と助け合って暮らしていたんだって！

私たちも見習わないとだね！

↑ 脳（大脳新皮質）の大きさとグループの人数には相関関係があることがわかっている

★生き残るために集まって暮らしていた

体が小さく力も弱い人類は、数十人が集まってグループを作り、仲間たちと協力し、助け合って生きてきました。そのほうが食べ物を手に入れやすく、危険な肉食獣などから身を守ることができたので、生き残るために都合がよかったのです。

そのグループはどれくらいの人数だったのか？ 最初に現れた猿人は平均50人、大脳新皮質が大きくなった原人は平均100人、さらに大脳新皮質が大きくなったホモ・サピエンス、つまり私たち人間は平均150人のグループで暮らしていたと考えられています。

これは、イギリスの人類学者ロビン・ダンバーの研究結果から推定されたものです。ダンバーは、サル目の動物たちの脳を研究し、脳の「大脳新皮質の大きさ」と行動をともにするグループの大きさが「相関関係」にあることを発見しました。この相関関係とは、大脳新皮質が小さければグループも小さく、大脳新皮質が大きければグループも大きくなるということです。

ただし、人間のグループが150人というのはあくまでも平均で、実際は100〜230人の幅があると考えられています。

知っておくべきコトバ

大脳新皮質

大脳新皮質は脳のなかで新しくできた部分で、人間の脳の大部分を占めています。運動、知覚、記憶、思考などをつかさどっており、人間の大脳新皮質は、近縁のチンパンジーの3倍の大きさがあります。

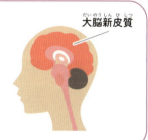

第3章 昔の人類の暮らしを知ろう

食べられるものは なんでも食べた

狩猟採集時代の食べ物

動物	魚介類	野菜	果物	木の実
●ノウサギ	●サケ	●きのこ類	●アケビ	●クリ
●ムササビ	●イワシ	●イモ類	●コケモモ	●クルミ
●シカ	●サバ	●山菜	●山ブドウ	●ドングリ
●イノシシ	●アサリ	●豆類	●野イチゴ	●ハシバミ
●ゾウ	●カキ	など	●クワの実	●トチ
など	など		など	など

自然の恵みで暮らしていたんだね！

↑ワナや武器で動物を狩り、果物や木の実、山菜を採集して暮らしていたと考えられている

★700万年続いた狩猟採集生活

当たり前の話ですが、人間は食べなければ生きていくことができません。みなさんも、食事をとらなければ体を動かすことができなくなり、やがて死んでしまいます。これは大昔の人類も同じで、食料を作りだす方法を知らなかった時代には、ワナや武器を使って野生の動物を狩り、自然に生えている木の実や果物、野菜、根菜、きのこ類などを集めていました。

そうやって集めた食べ物は、グループのみんなでわけ合いました。冷蔵庫などはもちろんないので食料を保存しておくことは難しく、その日のうちに食べられるだけ食べていたと考えられています。

そして、食べられる動物や植物がまわりになくなったら、別の場所へ移動して食べ物を集め、なくなればまた移動して……という暮らしをしていたのです。このように動物の狩猟と植物の採集で成り立つ生活を「狩猟採集生活」といいます。

こうした生活は700万年前の初期猿人の時代に始まり、30万年前のホモ・サピエンス登場以降もずっと続きました。つまり、これまでの人類の歴史のほとんどは狩猟採集生活なのです。

第3章 昔の人類の暮らしを知ろう

知っておくべきコトバ

貝塚

貝塚は、昔の人類が食べ終えた貝殻や動物の骨、木の実の殻などを捨てていた場所が、遺跡として残っているものです。過去の食生活を知ることができる貴重な資料となっています。

3

石や木で道具を作り、火を使い始めた

石を加工して作る「打製石器」

Tozawa / PIXTA

いろいろな形のものを目的に合わせて使っていたんだ！

↑ 打製石器は260万年以上前に誕生し、切る、削る、掘るための道具や槍や矢の先端につける武器として使われた

★自由になった両手で人類は道具を作り始めた！

　人類は直立二足歩行によって両手が自由に使えるようになり、いつからか道具を作って使い始めました。人類が最初に作った道具は石器だったと考えられており、もっとも古い石器は、ケニアのトゥルカナ湖西岸で発見された330万年前のものです。しかしこれには異論もあり、エチオピアのゴナ遺跡で発見された260万年前のものを最古とする考えもあります。また、くち果ててしまうため痕跡が残りにくい木の道具が石器よりも前に使われていたとも考えられています。

　初期の石器は、石を叩いて作る「打製石器」でした。時代が進むにつれて精巧な石器が使われるようになり、約4万年前になると打製石器を研磨した「磨製石器」も使われ始めました。世界最古の磨製石器は、日本の岩宿遺跡や野尻湖遺跡群で多数発見されています。

　そして、人類は道具に続いて火を使うことも覚えました。最初は落雷や山火事など、自然に発生した火を使っていたと考えられています。火を使った痕跡は100万年以上前の遺跡から焼けた動物の骨や石、土などが見つかっていますが、自然発生の可能性も考えられます。

人間はいつから火を使えるようになった？

常習的な火の使用は40万年前以降

人類が火を扱えるようになった証拠を探すのは、野火（自然発火）による焼け跡との区別が難しく、非常に困難です。アフリカでは150万〜100万年前、イスラエルやスペインでは80万年前、中国では50万〜40万年前の遺跡から焼け跡が見つかっていますが、常習的な火の使用と推測できるものは、40万年前以降のアフリカ、西アジア、アフリカの洞窟遺跡から見つかっています。

第3章　昔の人類の暮らしを知ろう

4

言葉を話すようになった

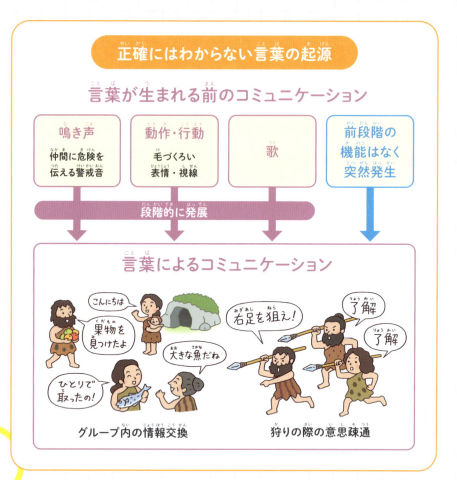

↑ 私たち人間の言葉は、サハラ砂漠以南のアフリカのどこかで生まれたという説が支持されている

★人類はなぜ言葉を使えるようになった?

　私たちは言葉を使ってコミュニケーションをとっていますが、人類はいつから言葉を使えるようになったのでしょう。この疑問は、言葉が形として残らないため調べることがとても難しく、正確なことはわかっていません。そのため、いつ、どの人類が、どんな起源で言葉を使い始めたのかについてはさまざまな仮説があります。

　まず、鳴き声や動作、行動、歌といったコミュニケーションから、段階的に発展して言葉になったというものです。たとえば、鳴き声には敵の存在を知らせる警戒音というものがあります。サルの仲間のなかには、警戒音の違いで敵の種類を知らせることができるものも存在します。つまり、警戒音に意味があるわけで、これが発展して言葉になっていったという考えです。また毛づくろいや表情、視線、歌を起源とする考えもあります。

　一方、言葉は人間だけが持つ高度な能力なので、ほかの動物も持つ能力から発展したとは考えられず、進化の過程で言葉が突然生まれたという考えもありますが、広くは受け入れられていません。

第3章　昔の人類の暮らしを知ろう

ワオキツネザルの警戒音

鳴き声を使いわけて敵の種類を連絡

マダガスカルに住むワオキツネザルは、空から襲ってくる猛禽類と陸から襲ってくる肉食獣とで警戒音を使いわけています。警戒音を聞いた仲間は、空の敵なら空を見上げて警戒し、地上の敵なら木の上に逃げます。つまり、敵の種類を伝え、それを聞いて適切な行動をとるというコミュニケーションができているのです。

5

絵を描いたり像を作ったりし始めた

壁画や彫像は世界各地で見つかっている

ラスコー洞窟の壁画（約2万年前）

ビーナス像（約3万5000年前）

絵がとっても上手でビックリだね！

どうして絵を描いたのかなぁ？

Paleolithic figure Venus of Hohlefels (of mammooth ivory) Ramessos

↑ はるか数万年前から
私たちの祖先たちは、
絵を描き像を作ることを始めていた

★儀式か芸術か? なぞの多い洞窟壁画

　昔の人類は雨風をさけ、肉食獣などの外敵から身を守るために、天然の洞窟や岩屋を利用していました。そのため、古い時代の人類の痕跡はこうした場所で見つかることが多いのですが、日常生活の痕跡だけでなく壁画もたくさん見つかっています。

　スペインのラ・パシエガ洞窟、マルトラビエソ洞窟、アルダレス洞窟で見つかった洞窟壁画は、6万4800年前のものと推定され、世界最古のものと考えられています。ホモ・サピエンスがこの地域に到達したとされる年代より古い時代に描かれているため、ネアンデルタール人が描いたのではないかと考えられています。

　洞窟壁画はスペインやフランスを中心に世界各地で見つかっていて、大型の野生動物が描かれていることが多いのですが、抽象的な模様や人の手形が残されている場合もあります。

　また、壁画だけでなく像も作られていました。ドイツのホーレ・フェルス洞窟で見つかったマンモスの牙に彫られた女性像は、「ホーレ・フェルスのヴィーナス」と呼ばれ、3万5000年前のものと推定される世界最古のものです。

　なぜこのような壁画が描かれ、像が作られたのでしょう?　ウシやウマ、シカといった大型の野生動物が描かれているケースが多いことから、豊漁を祈る儀式や呪術のためのもの、恵みをもたらす動物への信仰ではないかとする説があります。像は女性をかたどったものがたくさん見つかっていることから、新しい生命を産み出す女性そのもの、または自然の恵みを与えてくれる大地の生命力を女性の力に結びつけて、おそれ敬う気持ちを表したのではないかと考えられています。また、芸術の始まりと考える人たちもいて、結論は出ていません。

第3章　昔の人類の暮らしを知ろう

6

想像したことを話せるようになった

人間はフィクションを語り始めた

古い言語

現実の話
- 見ていること
- 聞いていること
- 客観的な事実

新しい言語

空想の話
- 空想上の存在
- 創作した物語
- 架空の事実

↑ ホモ・サピエンスだけがフィクションを持つようになった理由ははっきりとわかっていない

★ホモ・サピエンスだけが持つフィクションの力

　言葉を使い始めたホモ・サピエンスは、現実の情報だけでなく「フィクション（架空の物語、創作された物語）」を語ることができるようになったことで、飛躍的な進化を遂げたとする説があります。これは、ユヴァル・ノア・ハラリの著作『サピエンス全史（上）』のなかで「認知革命」として紹介されているものです。認知というのは、記憶する、知覚する、推論するなどの、脳内の活動のことです。

　私たちは、目には見えないものを想像する力、それについて話す力を持っています。たとえば、ライオンを見かけたとき、前に説明したワオキツネザル（53ページ参照）のように、「気をつけろ！　ライオンだ！」と伝えられる動物はたくさん存在します。

　しかし、人間は「あの池のあたりでライオンをよく見る」という事実から、「あの池にはライオンがよく来るから気をつけよう！」ということを、仲間に伝えることができます。「いるかもしれない」という架空の話を伝えられるわけです。さらに、自分たちのグループの近くにいつも同じライオンがいることから、「ライオンは我が部族の守護霊だ」という想像を伝えることもできました。

　そして、こうして伝えられたフィクションを信じ込むことができるのも私たちだけが持つ特徴です。ハラリは、この特徴によりホモ・サピエンスの言語能力が発達し、さまざまな情報を伝えられるようになったことで、コミュニケーション能力が向上したと考えています。

　また、このフィクションを「信じる力」は、グループの団結力を高めるのに役に立ちました。この団結力によって、ホモ・サピエンスはたくさんの人たちが協力し合うグループを構成することができるようになり、飛躍的な発展をしたと考えられています。

第3章　昔の人類の暮らしを知ろう

神様や精霊がいると信じるようになった

世界最古の神殿!?

通説を覆す大発見！トルコの「ギョベクリ・テペ」

トルコにある1万1500年〜1万年前の古代遺跡。巨大なT字型の石柱、さまざまな動物の彫刻や像、人が座るベンチなどが見つかっており、祭祀に用いられたと考えられていますが、詳細はわかっていません。

↑ **いつごろからかはわからないが人間は神様や精霊の存在を感じ、心の拠り所とするようになった**

★古代文明では街の中心に神殿が建てられた

　紀元前から伝わる「ギリシア神話」を筆頭に、神様や精霊の登場する物語は世界中に残されています。古くから人間は神様や精霊の存在を信じていたことがわかりますが、それではいつごろからこうした存在を信じるようになったのでしょうか？

　人間の心の話のため明確な答えを出すことはできませんが、自然のなかに魂や霊が宿っていると考える「アニミズム」はかなり古い時代からあったと考えられています。前に説明した洞窟壁画や像も、もしかすると動物の魂や霊への信仰から生まれたものかもしれません。

　手がかりは、古代文明の遺跡にある神殿や神像です。旧大陸の古代文明において、これまでは、農耕が始まり定住が進んで人が集まると、宗教を指導する者が現れて神殿が建てられ、文明に発展したと考えられてきました。神様という存在でたくさんの人間を団結させたのです。

　しかし、トルコで見つかった1万1500年前の「ギョベクリ・テペ」という遺跡が、その通説を覆すかもしれません。この遺跡を世界最古の神殿と考える研究者も多く、農耕が始まる前の遺跡であるため、これまでの考えでは説明がつかないのです。

知っておくべきコトバ

アニミズム

人間や動植物だけでなく、石などの無機物も含め、世のなかに存在するすべての物に魂や霊が宿っているとする考え方。こうした魂や霊に対する信仰が生まれ、原始的な宗教になったと考えられています。

8

畑を耕し家畜を飼う生活を始めた

約1万2000年前に農耕と牧畜が始まる

気候が温暖化し自然環境が大きく変化

↓

1万2000年前ごろ「肥よくな三日月地帯」で農耕と牧畜が始まる

現在のイラク、シリア、レバノン、イスラエル、パレスチナ付近

農耕の始まり
大麦・小麦・豆類の栽培

牧畜の始まり

ヤギ・ヒツジ・ブタ・ウシの飼育

↓

定住が始まり、人口が増加

↑ 今からおおよそ1万2000年前、西アジアの人類は農耕と牧畜を始め定住して生活するようになった

★人間は食べ物を作れるようになった

　人類は699万年という長い間、狩猟採集生活（48ページ参照）を続けてきましたが、1万2000年前に気候が温暖になったことで大きな変化が訪れます。大河のおかげで豊かな土壌を持つ、西アジアの「肥よくな三日月地帯」と呼ばれる地域に、麦類や豆類を畑で育て始め、1万500年前ごろからヤギやヒツジ、ブタ、ウシなどの家畜を飼い始める人間たちが現れたのです。これを「農耕牧畜生活」と呼びます。

　つまり人類は、ホモ・サピエンスの時代、しかもわずか1万2000年前になってから、ようやく自分たちで食べ物を作ることができるようになったのです。

　農耕の始まりについては、自生していたものを囲い込んだとか、食べ残した種から同じ植物が生えることに気がついたなどいろいろな考えがあり、はっきりとはわかっていません。また、牧畜の始まりも、野生の動物を囲いに追い込んで飼い始めた、栽培している植物に集まってきた動物を選別し、性格のおとなしい人間に慣れやすいものを飼い始めたなど、いろいろな説があります。

　農耕牧畜生活が始まると食べ物を探して移動する必要がなくなり、家を建てて定住し、集落ができあがります。そして、磨製石器や土器などの新しい道具を使い始めました。食べ物が安定して手に入るようになったことで、人口も増えたと考えられています。

　西アジアの肥沃な三日月地帯で始まった麦類の農耕は、中央アジア、ヨーロッパの各地へ広がりました。東アジアでは独自に稲作が広がり、日本にも伝わっています。また、中米では1万年前に、かぼちゃやひょうたん、9000年前にはトウモロコシの栽培が始まるなど、同時期にほかの地域でも農耕牧畜が始まっていたことがわかっています。

第3章　昔の人類の暮らしを知ろう

9

さまざまな国が生まれ文明の歴史が始まった

↑ アフリカとユーラシアだけでなく中央アメリカや南アメリカでも独自の文明が花開いた

★集落が発展して国になり、そして文明へ！

　１万年前に始まった農耕牧畜により食べ物が安定して供給されるようになった結果、どんどん人口が増え、小さな集落が村、街、そして大きな都市へと発展し、社会ができていきました。農耕や牧畜以外の仕事をする人も現れ、人数が多くなった集団をまとめるために、宗教指導者やリーダーとなる王様も現れたと考えられます。

　そして、とても残念なことに、豊かな土地や蓄えられた食べ物を巡って、人間同士の争いも起きるようになってしまいました。戦いに強いグループが弱いグループを支配するようになり、それが国になっていったと考えられています。そして、こうしてできた国から文明が発達していきます。

　まず、イラクのチグリス川とユーフラテス川に挟まれた地域に「メソポタミア文明」が生まれます。同じころエジプトのナイル川流域に「エジプト文明」が生まれました。少し遅れてインドとパキスタンを流れるインダス川流域に「インダス文明」、中国の黄河や長江の流域に「中国文明」が生まれています。いずれも、農耕に適した肥よくな土地が広がっていた、大きな川の流域で生まれているのがポイントです。日本では、この４つの文明を「四大文明」と呼びます。

　また、中央アメリカでは「メソアメリカ文明」、南アメリカでは「アンデス文明」が生まれました。この２つの文明は、近くに大きな川がない場所で生まれているのが特徴です。世界的には、先ほどの４つの文明とあわせて「文明のゆりかご」と呼ばれています。

　これらの古代文明では、さまざまなものが発明され、いろいろな知識が蓄えられていきました。こうして、高度な文明社会の基礎ができあがったのです。

COLUMN

犬と猫はいつから人間と暮らしている？

　人間と犬の関係は、文明が始まる以前、狩猟採集生活を営んでいた3〜2万年前までさかのぼります。集団で生活することが得意な犬は人間との暮らしにも適応し、狩りをサポートしていたと考えられています。イスラエルで発見された約1万4000年前のお墓には、人間と犬が一緒に葬られていたほか、日本でも約9000年前の縄文時代の遺跡から、丁寧に埋葬された犬の骨が発見されています。つまり、人間は犬をとても大切にしていたのです。人間の生活が狩猟採集から農耕牧畜に移ったあとも、牧場で飼っているヒツジやヤギの群れを誘導し、肉食動物から守る牧畜犬として人間との関係は続きます。

　一方、猫が人間と関わるようになったのは、少し遅く約1万年前と考えられています。農耕牧畜生活を始めた人間は、穀物を貯蔵できるようになりました。すると、貯めた穀物を狙ってネズミなどが集まり、それらの獲物を目当てに野生の猫が人間の近くに集まってきたことで、人間は、猫と一緒に暮らすようになったと考えられています。

　すでに、犬も猫もそばにいることが当たり前の存在となっていますが、長い歴史をともに歩んできたかけがえのない友として、これからも関係を大切にしていきたいものです。

第4章
アフリカから世界へ

古代DNAから見えてきた人間の足跡

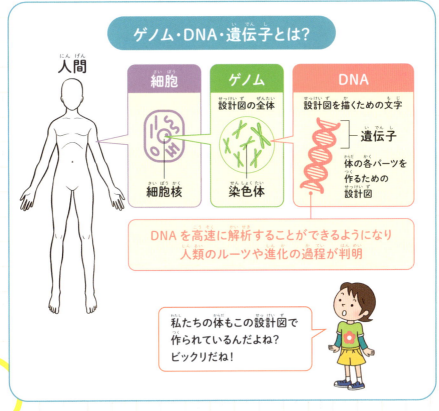

↑古代人の化石にわずかに残ったDNAを解析できるようになり、さまざまなことがわかってきた

★ 飛躍的に進歩したDNA解析の技術

　21世紀に入るまで、昔の人類のことは、化石人骨の形状、発見場所、推定年代などから、研究者が「こうだったのではないか？」と解釈することで調べられてきました。

　ところが、21世紀になって状況が一変します。生物の持つ「DNA」を自動で読み取り、高速で解析することができる「次世代シーケンサ」という装置が実用化されたのです。

　DNAは、細胞核に存在し、4種類の物質でできていて、生物の設計図を描く文字にあたります。DNAの並びが人間の体を作る情報になっていて、そのなかでも体の各パーツを作る設計図の部分を「遺伝子」と呼びます。そして、DNAの持つ遺伝情報すべてを「ゲノム」と呼び、生物の設計図の全体にあたります。人間は親から子どもへさまざまな特徴が遺伝しますが、これは人間の持つ30億個ものDNAが、さまざまな遺伝情報を伝えているからなのです。

　次世代シーケンサの登場で、現代人だけでなく化石人骨にわずかに残ったDNAの解析もできるようになり、化石人類の系統や現代人との関係など、さまざまなことがわかってきました。

第4章　アフリカから世界へ

知っておくべきコトバ

染色体

人間は、父由来の1本と母由来の1本で1対となる染色体を、合計23対・46本持っています。性別を決める「性染色体」が2本あり、男性のみが持つ「Y染色体」を解析することで、男性の系統を調べることができます。

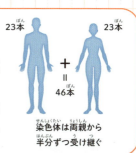

染色体は両親から
半分ずつ受け継ぐ

2

人類共通の女性祖先「ミトコンドリア・イブ」

全人類共通の祖先のうちのひとり

できる限り多くの民族を含んだ147人を対象に ミトコンドリアDNA を解析

母親からのみ子に受け継がれる

解析の結果…
アフリカ人のみの系統と
一部のアフリカ人とその他の民族の系統に
最初にわかれたことが判明

ミトコンドリアDNAの違いが大きいほど分岐した時代が古いと考えられる

20〜12万年前にアフリカで生きていたあるひとりの女性の存在にたどりつく
その女性が「ミトコンドリア・イブ」

↑ ホモ・サピエンスが
アフリカで誕生したと考えられる
有力な根拠となっている

★DNA解析で見えたホモ・サピエンスのルーツ

　私たちの細胞のなかには、平均で 300 〜 400 個の「ミトコンドリア」と呼ばれる小さな器官があり、前ページ**1**で紹介した細胞核の DNA とは異なる独自の DNA を持っています。このミトコンドリア DNA は、母親からしか受け継がないという特徴があるほか、「突然変異」という現象によって DNA が少しずつ変化していくという性質があります。

　突然変異は一定の確率で起きる現象なので、時間が経過すればするほど起きる回数が多くなり、その結果 DNA の違いも大きくなっていきます。つまり、2 つの民族のミトコンドリア DNA を比較して、違いがあまりなければ突然変異の回数が少ない＝枝わかれしてから時間が経っていないと考えられます。逆に、ミトコンドリア DNA の違いが大きければ、突然変異の回数が多い＝枝わかれしてから時間が経過していると考えられるのです。

　この考えをもとに、できる限り多くの民族を含むように選んだ 147 人のミトコンドリア DNA を分析して、「いつごろ」「どこで」DNA の違いが生まれたのかを分析した結果、20 〜 12 万年前のアフリカで生きていたひとりの女性「ミトコンドリア・イブ」にたどり着きました。

　また、**1**で紹介した Y 染色体は男性にしか存在しないため、父から息子だけに受け継がれていきます。つまり、Y 染色体の DNA を分析することで、男系の祖先をたどっていくことができます。そして、この Y 染色体による分析結果も、30 〜 16 万年前のアフリカで生きていたひとりの男性「Y 染色体アダム」にたどり着くのです。この 2 つの分析結果はホモ・サピエンスがアフリカで誕生したと考えられる根拠のひとつとなっており、このアフリカでホモ・サピエンスが誕生したとする考えは「アフリカ単一起源説」と呼ばれています。

第 4 章　アフリカから世界へ

3

人類の壮大な旅路 「グレート・ジャーニー」

ホモ・サピエンスの初期拡散

アフリカを出発して世界中に広がったんだね

日本に来たのは4万年も前なんだね

↑ 今から6〜5万年前、
アフリカを出たホモ・サピエンスは
長い時間をかけて世界に広がった

★数万年かけて五大陸を制覇

　30万年前にアフリカで誕生したホモ・サピエンスは、10万年以上をアフリカで過ごしたあと、6～5万年前にアフリカを出発し、世界各地へと散らばっていったと考えられています。このホモ・サピエンスの初期拡散のことを「グレート・ジャーニー（偉大な旅）」と呼びます。当時のホモ・サピエンスは狩猟と採集による生活を送っていたので、よりよい条件で食料が確保ができる新しい土地を求めて、何世代にも渡って移動していったと考えられています。

　アフリカを出たホモ・サピエンスは、中東から東南アジアを経由して4万7000年前にはオーストラリア大陸へ到達しました。そして、4～3万年前にはヨーロッパから東アジアまでユーラシア大陸全域に散らばり、私たちが暮らす日本列島には、4万年前にやってきました。そして、シベリアを経由して2万年前に北アメリカ大陸、1万5000年前に南アメリカ大陸に到達したと考えられています。

　この初期拡散のあと、しばらくの間、太平洋に浮かぶ島々は未踏の地でした。しかし、5000年前から進出が始まり、800～700年前にニュージーランドに到達し、長い長い人類の旅は終わったのです。

第4章　アフリカから世界へ

知っておくべきコトバ

氷河期（最終氷期）

地球の気候が寒冷化して気温が下がり、緯度の高い極地は氷床や氷河で覆われてしまうのが氷河期です。最後の氷河期「最終氷期」は7万年前に始まり、1万2000年前ごろに終わりました。

71

約6〜5万年前にアフリカから中東へ

中東へは2つのルートで進出!?

【北方ルート】
アフリカ北東部から陸路でレバント地域に進出

レバント地域
6〜5万年前

ホモ・サピエンス誕生の地は中央アフリカ!?
ゲノム解析の結果、中央アフリカがもっとも可能性が高そうですが、断定はできません。

【南方ルート】
バブ・エル・マンデブ海峡を渡ってアラビア半島に進出

↑ 人類誕生の地アフリカで
10万年以上過ごしたホモ・サピエンスは
約6〜5万年前アフリカの外へ出た

★ ホモ・サピエンスがアフリカを旅立つ

30万年前にアフリカで誕生したホモ・サピエンスは、10万年以上かけてアフリカ各地に広がっていきました。ゲノム解析の結果によると、ホモ・サピエンス誕生の地として可能性が高いのは中央アフリカで、そのまま中央アフリカにとどまったグループ、東アフリカに進出したグループ、南アフリカに進出したグループにわかれたと推測されています。西アフリカへの進出もありましたが、現在のところ不明な点が多く、くわしいことはわかっていません。

この時期のホモ・サピエンスは旧人に近い特徴を持っているなど、現代の私たちとは形態に違いがあることが、アフリカで見つかった化石からわかっています。13万〜7万5000年前のアフリカの気候は、乾燥と湿潤を繰り返しており、地域や時代によって生活環境が大きく異なっていました。そのため、環境に適応した独自の特徴を持つグループがいくつも生まれ、それらが移動と交雑を繰り返して現代型のホモ・サピエンスになっていったと考えられています。

そして、現代人の核DNAとミトコンドリアDNAの解析の結果、アフリカ人とアフリカ人以外に分岐した時期、アフリカ人以外の共通祖先から、東アフリカに進出したグループが6〜5万年前にアフリカを旅立ったと考えられ、これを「出アフリカ」と呼んでいます。

出アフリカは、アフリカ北東部から東部地中海沿岸地方の「レバント地域」に抜ける陸続きの北方ルート、アフリカ大陸東部から紅海の「バブ・エル・マンデブ海峡」を渡ってアラビア半島に抜ける南方ルートの2つが想定されています。ただし、南方ルートに関しては、狭い海峡とはいえ海を渡らなければならないなど疑問点も多く、現在も議論が続いています。

第4章 アフリカから世界へ

中東から4つのルートで各大陸へ

レバント地域から各地へ

ヨーロッパ各地へ

ユーラシア大陸北部を経由してユーラシア大陸東部へ拡散

レバント地域

東南アジアを経由してオーストラリアへ

↑ アフリカからレバント地域に進出したホモ・サピエンスは、
4つのルートで散らばっていった

★ 足取りがつかめない空白の1万年

　6～5万年前に出アフリカを果たしたグループは、数百人から多くても数千人と考えられています。その後、レバント地域から各地へ散らばっていったことは間違いないのですが、出アフリカ以降の5万～4万年前の1万年間は化石などの証拠がほとんど見つかっておらず、ホモ・サピエンスの足取りがつかめていません。そのため、この期間は「空白の1万年」と呼ばれています。

　この時期の数少ない証拠のうち、ロシア、シベリア西部の「ウスチ・イシム」で見つかった化石人骨は、4万5000年前のものと推定されています。少なくともホモ・サピエンスは、この時期までにユーラシア大陸の内陸部まで進出していたことがわかります。おそらく、レバント地域から北上後に東へ進んだグループか、レバント地域から東へ進んだあとユーラシア大陸の内陸部に進んだグループのどちらかのものと考えられます。そしてこれらのグループは、ユーラシア大陸東部へ拡散したと考えられています。

　また、このウスチ・イシムの化石は、ネアンデルタール人との交雑の証拠が見つかった化石としても知られています。交雑の時期は、6万年～5万年前と推定されており、出アフリカ直後の段階で交雑があったことが推測できます。

　ヨーロッパへは、レバント地域から地中海沿岸沿い、または黒海沿いに移動したグループがいたと考えられます。東南アジアへは、レバント地域からアラビア海の沿岸沿いに東へ進み、インド半島から進出したと考えられ、その後、オーストラリアまで到達したと考えられています。正確なルートはわかりませんが、以上が出アフリカ以降のおおまかなホモ・サピエンスの足取りとなっています。

第4章　アフリカから世界へ

75

最初の進出は失敗だった!?

6万年以前のホモ・サピエンスの化石発見場所

- ギリシャ・アピディマ洞窟 約21万年前
- イスラエル・ミスリア洞窟 約18万5000年前
- イスラエル・カフゼー洞窟 約12万5000年前
- イスラエル・スフール洞窟 約9万年前

ずっと昔にアフリカを出た人たちもいたんだね

どうして生き残れなかったんだろう?

↑ 出アフリカ以前にアフリカを出たホモ・サピエンスも存在したが、そのグループは生き残れなかった

★20万年以上前に出アフリカを達成していた!?

さまざまな証拠から出アフリカは6～5万年前としてきましたが、実はそれ以前にも先行してアフリカを出たグループもいたことが、化石人骨からわかっています。

ギリシャ南部、地中海沿いに位置する「アピディマ洞窟」で見つかったホモ・サピエンスの化石人骨は21万年前のものとされ、アフリカ以外で発見されたホモ・サピエンスのなかで、もっとも古いものとなっています。イスラエルでは、「ミスリア洞窟」から18万5000年前、「カフゼー洞窟」から12万5000年前、「スフール洞窟」から9万年前の化石人骨が見つかっています。

これらはアフリカに近い地域のため、そこからの先行グループだとしても不思議ではありません。おそらく食べ物を求めて移動を続け、その結果、自然とアフリカを出たと考えられます。

ただしこうしたグループは散発的なもので、定着することなく、ほとんどは絶滅してしまったと考えられています。

また、DNA解析の結果、40万年～10万年前のどこかの段階でネアンデルタール人のミトコンドリアDNAとY染色体の一部が、交雑によってホモ・サピエンスの祖先のものと置き換わったと考えられています。つまり、ホモ・サピエンスが出アフリカを果たす以前の段階で、両者はどこかで出会っていたのです。

上記のような20万年以上前にアフリカを出ていたホモ・サピエンスのグループとネアンデルタール人が交雑した可能性があるほか、ユーラシア大陸のどこかで生まれたホモ・サピエンスの祖先が、ネアンデルタール人と交雑したのちにアフリカに渡ってホモ・サピエンスになった可能性も考えられています。

第4章 アフリカから世界へ

77

7

原人もアフリカから各地に移住していた

アフリカ以外で見つかった原人の化石

北京原人
発見場所：北京市・周口店
年代：75万～40万年前

ドマニシ原人
発見場所：ジョージア・ドマニシ遺跡
年代：177万年前

ジャワ原人
発見場所：ジャワ島・サンギラン遺跡 ガンドン遺跡
年代：130万～10万年前

フローレス原人（ホモ・フロレシエンシス）
発見場所：インドネシア・フローレス島
年代：70万～6万年前

↑ 原人ホモ・エレクトスは190万年よりも前にアフリカを出発しアジアにまで到達していた

★人間より長い歴史を持つ原人ホモ・エレクトス

　実はホモ・サピエンスよりも前に、出アフリカを達成していた人類がいます。それは、原人のホモ・エレクトスで、180万年以上前にアフリカを旅立っており、ユーラシア大陸に散らばっていたことがわかっています。

　アフリカ大陸以外で見つかったホモ・エレクトスのもっとも古い化石人骨は177万年前のものでした。黒海とカスピ海に挟まれたジョージアの「ドマニシ遺跡」で見つかったもので、「ドマニシ原人」と呼ばれています。

　ホモ・エレクトスは東アジア、東南アジアまで到達しています。インドネシア、ジャワ島の「サンギラン遺跡」や「ガンドン遺跡」で発見された化石人骨は130万〜10万年前のもので、「ジャワ原人」と呼ばれています。また、中国、北京市の周口店で発見された化石人骨は75万〜40万年前のもので、こちらは「北京原人」と呼ばれています。原人は日本のすぐそばまで来ていたのです。ジャワ島では10万年前のものとされる化石も見つかっているため、アジアのホモ・エレクトスは100万年以上もの長い間生息していたと考えられています。ホモ・エレクトスが誕生したのは200万年前ですから、ひとつの種として190万年も生存していたことになります。

　ホモ・エレクトスは地域によって体格や顔つきが異なっていて、環境に適応して独自の進化を遂げたと考えられています。インドネシアのフローレス島では、身長が1メートルほどしかない小型の原人ホモ・フロレシエンシス、通称「フローレス原人」が見つかっています。この原人はホモ・エレクトスが島の環境に適応して進化し、小型化が進んだとされています。

第4章 アフリカから世界へ

79

8 海沿いに進んだグループは東南アジアへ

痕跡に乏しい東南アジア

発見場所：ラオス・タムパリン洞窟
年代：8万6000年〜6万8000年前（推定）

発見場所：インドネシア・リダ・アチェ洞窟
年代：7万3000年〜6万3000年前

発見場所：インドネシア・ワジャク
年代：不明

↑ホモ・サピエンスは沿岸部をたどって東南アジアにたどり着いたと考えられている

★非常に早かった東南アジアへの進出

　話をホモ・サピエンスに戻します。出アフリカ後にレバント地域に進出し、ペルシア湾沿いに移動していったグループは、インド半島をこえて5〜4万年前という非常に早い時期に東南アジア一帯まで到達していたと考えられています。

　ホモ・サピエンスは、この地域からオーストラリアへ渡ったと考えられており、オーストラリアへの到達が4万7000年前と推定されているため、5万年前に東南アジアに進出していたという考えは辻つまが合います。

　さらに、6〜5万年前の出アフリカよりも前の時代に、東南アジアに到達していたホモ・サピエンスがいたこともわかってきました。インドシナ半島の内陸部に位置するラオスの「タムパリン洞窟」で見つかった人骨は8万6000年〜6万8000年前のものと推定され、東南アジアでは沿岸部以外で初めての発見となりました。また、インドネシアの「リダ・アチェ洞窟」の人骨は7万3000年〜6万3000年前のものと推定されています。ギリシャやイスラエルで見つかった人骨と同様に、出アフリカ以前に先行していたグループのひとつでしょう。ただし、これらのグループの人たちは現代のホモ・サピエンスへとつながっておらず、絶滅してしまったと考えられています。

　そのほか、インドネシアのジャワ島「ワジャク洞窟」からは、「ワジャク人」と呼ばれる人骨が見つかっています。保存状態が非常に悪いため、はっきりとした年代はわかっていませんが、1万年前のものと考えられています。沖縄の港川遺跡で発見された2万2000年前の「港川人」と特徴が似ていることから両者の間にはつながりがあると考えられています。

第4章 アフリカから世界へ

81

オーストラリアには約4万7000年前に到達

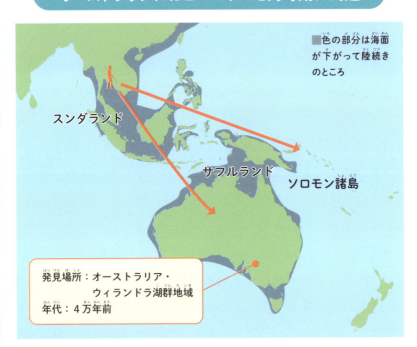

↑ 氷河期で海面が下がっていたため現在の東南アジア付近には2つの大きな陸地が存在した

★ 海をこえてオーストラリアへ

　5〜4万年前までに東南アジアに進出したグループは、さらにオーストラリアへ向かったと考えられています。現在は、インドシナ半島とオーストラリアの間は、大きめの島が点在しているものの海にへだてられていますが、5万年前のこの地域は氷河期の影響で海面が120メートルも下がっていたため、ほとんどが陸続きとなっていました。

　そのため、インドシナ半島からバリ島までは歩いて渡ることができました。オーストラリアへはそこから海を渡る必要がありましたが、大小の島々が点在しており、それが見える距離に位置しているため、それほど難しくはなかったと考えられます。船を使ったのか泳いで渡ったのかはわかりませんが、ホモ・サピエンスは海をこえて4万7000年前にオーストラリアに到達したのです。また、それよりも早く6万5000年前には到達していたとする研究もあります。

　当時は、オーストラリアと北のニューギニア島も陸続きとなっており、ホモ・サピエンスはニューギニア島にも到達しています。その後3万年前には、ニューギニア島の東に浮かぶソロモン諸島まで到達したことがわかっています。

知っておくべきコトバ

スンダランドとサフルランド

インドシナ半島からジャワ島、ボルネオ島（カリマンタン島）一帯の陸地は「スンダランド」、オーストラリアとパプアニューギニア間の陸地は「サフルランド」と呼ばれています。

海面が120メートル低下
海面が下がったことでこの部分が陸地になっていた

10 ヨーロッパへの進出は約4万年前

DNAが解析されている4万〜3万年前の化石発見場所

- ゴイエ洞窟（ベルギー）
- ウスチ・イシム近郊（ロシア）
- ズラティ・クン洞窟（チェコ）
- オアセ洞窟（ルーマニア）
- コステンキ遺跡（ロシア）
- パチョ・キロ洞窟（ブルガリア）
- フマネ洞窟（イタリア）

↑古代DNA解析の結果、4万年前という拡散の初期段階で3つの系統にわかれていたことが判明

★現代人につながる3つの系統が出現

出アフリカを果たし、レバント地域からヨーロッパへ向かったグループは、ヨーロッパ各地に散らばっていきました。4万〜3万年前の化石がヨーロッパ各地で多数見つかっており、DNA解析の結果、少なくとも4万5000年前までに、大きく3つのグループにわかれたことがわかってきました。

最初にわかれたのは、「ユーラシア基層集団」と呼ばれるグループで、出アフリカ直後のレバント地域で枝わかれしたと考えられています。このグループはネアンデルタール人と交雑しておらず、現代のヨーロッパや中東の人たちにつながっていきます。その後、5万5000年〜4万5000年前までの間に、「東アジア系統」「ヨーロッパ系統」という東西2つのグループにわかれます。

東アジア系統のグループは、ユーラシア大陸を東へ進んだ人たちで、ネアンデルタール人と交雑し、東アジアやアメリカ大陸の先住民につながります。ヨーロッパ系統のグループは、ユーラシア大陸を西へ進んだ人たちで、その一部が現在のヨーロッパ人につながります。

第4章 アフリカから世界へ

初期人類3つの系統

ヨーロッパ系統

出アフリカ後、ユーラシア大陸の西に進んだ集団です。絶滅した集団も含まれますが、一部が現在のヨーロッパ人につながります。

ユーラシア基層集団

出アフリカ後、東アジア系統とヨーロッパ系統にわかれる前、最初に分岐した集団。現代のヨーロッパや中東の人々につながります。

東アジア系統

ユーラシア大陸を東へ進んだ集団の系統です。ネアンデルタール人との交雑があり、現代の東アジアやアメリカ先住民とつながります。

11

北へ進んだグループは約3万年前にシベリアへ

シベリア北東部で2つの集団が混合

- 発見場所：ロシア・マリタ遺跡
  年代：2万4000年前
- ベーリンジアへ進出
- 2万3000年前～2万年前
  この辺りで2つの集団が混合？
- アメリカ先住民の祖先と共通の遺伝子を保有
- 発見場所：中国・田園洞遺跡
  年代：4万年前

ユーラシア大陸からアメリカに渡ったんだってスゴイね！

↑ 東アジアと西ユーラシアの人たちが混合してアメリカ大陸へ渡ったと考えられている

★北東シベリアで生まれたアメリカ先住民の祖先

　4万年前に東アジアに到達したグループの一部は、北上してシベリア北東部に到達します。これまで、アメリカ先住民はこの東アジアに起源を持つ人たちが祖先であると考えられてきましたが、古代DNAの解析で異なる事実が確認されました。

　ロシアのバイカル湖近くにある「マリタ遺跡」で見つかった西ユーラシア系統のグループと考えられる人骨から、アメリカ先住民と共通する遺伝子が見つかったのです。つまり、このグループがアメリカ大陸に渡ったグループと関係していることは間違いありません。

　そのため、この2つのグループが2万3000年～2万年前に北東シベリアで合流して混合し、アメリカ先住民の祖先になったと考えられるようになりました。このグループは、氷河期の影響で現れたベーリング海峡付近の陸地「ベーリンジア」を渡りますが、そこで巨大な氷床にはばまれて数千年間隔離されたと考えられています。

　その後、温暖化で氷床が後退したことで再び移動できるようになり、北アメリカ大陸に到達したと考えられています。

ベーリンジア隔離モデル

氷床にはばまれた集団が存在

ベーリング海峡付近の陸地ベーリンジアに進出したグループは、2万6500年～1万9000年前はもっとも寒冷化が進んだ時期だったため、巨大な氷床にはばまれて数千年間隔離されてしまいました。これを「ベーリンジア隔離モデル」といいます。

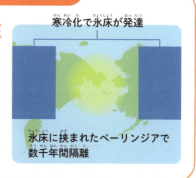

第4章　アフリカから世界へ

12
日本列島にやってきたのは約4万年前

日本列島へは3つのルートで流入

2万年前の日本列島付近の地形

シベリアルート

朝鮮半島〜対馬ルート

琉球ルート

■色の部分は海面が下がって陸続きのところ

昔の日本は大陸とつながっていたのね！

↑4万年前に朝鮮半島〜対馬ルート、2万5000年前にシベリアルートで日本列島に到達したと考えられている

★ホモ・サピエンス、海をこえてやってくる

　4万年前に東アジア、東南アジア、シベリアに到達したホモ・サピエンスは、ついに日本列島にもやってきます。氷河期の影響で海面が下がっていた4万年前、朝鮮半島と対馬の間は、陸続きではありませんでしたが、今よりもずっと距離が狭い海峡となっていました。また、朝鮮半島西側の黄海から台湾まで陸地が広がっていたほか、ユーラシア大陸と樺太、北海道は陸続きとなっていました。

　ホモ・サピエンスの日本列島への流入ルートは、朝鮮半島から対馬を経由する「朝鮮半島〜対馬ルート」、シベリアから樺太を経由する「シベリアルート」、南方から海を渡って琉球列島を経由する「琉球ルート」の3つだったと考えられています。

　最初の流入は、4万年前に朝鮮半島〜対馬ルートによるもので、渡ってきたグループは日本列島を東進して散らばり、縄文人の起源になったと考えられています。

　続いて2万5000年前にシベリアから北海道に渡ってきた人たちもいます。寒冷化が進んだことで、シベリア北部では暮らせなくなり、南下してきたグループと考えられています。

　また、南のほうから琉球列島に海を渡ってきた人たちがいたことがわかっています。日本でもっとも古い化石人骨は、3万6500年前のもので沖縄本島で見つかっていることから、彼らは少なくとも3万年以上前に渡ってきたと考えられています。

　この沖縄に渡ってきたグループが九州までたどり着いたかどうかは定かではありません。この時代の人骨が先島諸島、沖縄本島以外ではほとんど見つかっていないため、当時の状況を知る手がかりがほとんどないのです。

第4章 アフリカから世界へ

アメリカ大陸に到達したのは約1万4000年前!?

北米大陸の初期拡散

1万7500年～1万4600年前ごろ
2つのグループに分岐

アンジック遺跡
1万2600年前

クロヴィス遺跡
1万3000年前

中米を経由して南米大陸へ

↑ **温暖化で氷床が消えたあとベーリンジアに隔離されていた人々が北米大陸にやってきたと考えられている**

★ホモ・サピエンスが新たな大陸に進出

ベーリンジアで数千年間足止めされていたグループは、温暖化によって氷床が後退したことで、北米大陸に進出できるようになったと考えられています。かつては、氷床の間にできた道を通ってきたと考えられてきましたが、それが難しいことがわかってきたため、太平洋沿岸部の陸地を伝って渡ってきたとする説が有力視されています。

渡ってきたグループは、2万1000年～1万6000年前に北米大陸の北部海岸でいくつかのグループにわかれました。そこから南下したグループは、1万7500年～1万4600年前ごろ、最初の分岐よりも南の沿岸部で「北方アメリカ」と「南方アメリカ」という2つのグループにわかれたと考えられています。

北方アメリカのグループは、北米大陸を東の方向に進み、北米大陸の北東部一帯に散らばり、これらの地域の先住民の祖先となりました。その後、温暖化にともなって氷床がなくなった北部のアラスカにも進出したと推測されています。

一方、南方アメリカのグループは、北米大陸の太平洋岸に沿って南下していきます。この地域では1万3000年前の「クロヴィス遺跡」ほか多数の遺跡が見つかっており、これらを「クロヴィス文化」と呼んでいます。同文化の遺跡である「アンジック遺跡」からは1万2600年前の幼児の人骨が発見され、核DNAとミトコンドリアDNAが解析されました。その結果、ユーラシア大陸からベーリンジアを経由して渡ってきたグループの子孫であることが判明し、同時に南米大陸のグループへ受け継がれていることがわかりました。つまり、この南方アメリカグループは、太平洋沿岸沿いに南下を続け、中米を経由して南米大陸へ渡ったのです。

第4章 アフリカから世界へ

91

14
約1万年以上前に南米に到達

↑ 先行した初期集団は
1万4500年前に
南米大陸に到達していた!?

★ 南北アメリカ大陸を踏破

　北米大陸の太平洋岸沿いを南下した南方アメリカのグループは、中米を経由して南米大陸に渡り、各地に散らばりました。約1万年前のブラジルやチリで見つかった人骨と、クロヴィス文化の遺跡で発見された人骨とで遺伝的な特徴が同じものが見つかっていることから、これは間違いありません。

　しかし、南米大陸の南端に近いチリの「モンテ・ベルデ遺跡住居跡」は、クロヴィス文化よりも古い1万4500年前のものと推定されています。つまり、クロヴィス文化を担った人々より1500年も早く、南米大陸の先端まで到達していたのです。また、ブラジル内陸部にある「セラノ・ポリス遺跡」は、1万2000年前のものと推定されており、最初期のグループは、かなり早い時期に南米大陸に到達していたと考えざるを得ないのです。

　そのため、舟を操る海洋民が昆布や魚などを採りながら沿岸部を南下してきたと考える研究者もいます。舟は歩くよりも移動速度が速いため、モンテ・ベルデ遺跡の古さも説明がつくとしています。

カリブ海の島々への進出

6000年前に中南米の集団が進出

700以上あるカリブ海の島々にホモ・サピエンスが進出したのは6000年前です。中南米起源のグループであることはわかっていますが、どこから渡ってきたのかは不明です。また、2500年前に2回目の進出があったこともわかっており、後発の人々がこの地域の先住民となりました。

カリブ海への進出ルートは解明されていない

15

南米にはアフリカから海を渡ってやってきたかも!?

北米、南米の定説より古い時代の遺跡

北米大陸の初期人類の痕跡
- ホワイトサンズ国立公園の足跡化石
  2万3000年～2万1000年前
- クーパーズ・フェリー遺跡
  1万6000年～1万5000年前
- フリードキン遺跡
  1万5500年前
- ゴールト遺跡
  1万6000年前
- ペイズリー洞窟遺跡
  約1万4000年～1万3000年前

南米大陸の初期人類の痕跡
- サンタ・エリナ岩陰遺跡
  2万7000年～2万5000年前?
- カピバラ国立公園
  4万8000年～3万5000年前?

海流に乗ってアフリカから舟でやってきた?

↑ 定説より古い痕跡は見つかっているがアフリカから舟で渡ってきたと考えるのは無理がある

★ 最初のアメリカ人はだれだったのか?

「ホモ・サピエンスがいつどうやってアメリカ大陸に到達したのか?」については、さまざまな考えがあり長い間議論が続いています。かつてはクロヴィス文化(91ページ参照)の担い手が最初の人々だと考えられ、1万3000年前ごろに到達したという考えが有力でした。

しかし近年、それより古い年代と推定される遺跡や遺物が見つかっているため、現在考えられているよりもずっと前に、北米大陸に進出したホモ・サピエンスがいたことは、ほぼ間違いないでしょう。

たとえば、アメリカのホワイトサンズ国立公園で見つかったホモ・サピエンスと推定される足跡の化石は、3種類の年代測定法により、2万3000年〜2万1000年前のものと推定されています。この遺跡以外も1万6000年〜1万3000年前の遺跡が多数見つかっています。北米と南米の先住民は、ベーリンジアを渡ってやってきた人たちの系統であることはDNA解析で判明していますが、このクロヴィス以前の人々が、どの時期に、どんなルートで、どんな方法を使って渡ってきたかということは、いまだにわかっていないのです。

また驚くべきことに、南米にはさらに古い時代の遺跡とされるものもあります。ブラジルのカピバラ公園遺跡には古い時代の多数の壁画が残されており、世界遺産にも指定されています。そして、この遺跡が4万8000年〜3万5000年前のものであり、アフリカから南米へ舟で渡ってきた人類のものと主張する研究者がいるのです。

しかし、年代測定の正確性への疑問点も多く、広く認められているわけではありません。もしこれが事実であれば人類史が根本からひっくり返る大発見ですが、さすがに舟でやってきたというのは無理があると言わざるを得ないでしょう。

第4章 アフリカから世界へ

16 最後の到達地は太平洋のポリネシア

台湾の初期農耕民が太平洋に進出

- ビスマルク諸島 3400年前
- ハワイ 1200年前
- サモア 1200〜1100年前
- フィジー 3000年前
- ソサエティ諸島 1200〜800年前
- イースター島 800年前
- 西はマダガスカル島に2000年前到達
- ニュージーランド 730年前？

太平洋を舟で渡っていくなんてスゴイね！

ホントだね！何が目的だったんだろうね？

↑ 太平洋の島々には
6000〜5000年前の台湾にいた人々が
海洋進出を果たして到達した

★数千年かけて太平洋の島々に進出

　出アフリカから始まり、数万年をかけて五大陸すべてに進出した人類でしたが、この初期拡散では未踏の地が残されていました。それが、「ミクロネシア」「メラネシア」「ポリネシア」と呼ばれる、太平洋に点在する島々です。

　これらの島々へのホモ・サピエンスの進出は、6000年～5000年前という比較的近い時代に始まります。台湾にいた初期農耕民のグループが、舟を使って海洋進出を始めたのです。

　台湾を出発し太平洋に向かったグループは、「ビスマルク諸島」「フィジー諸島」へは3000年前までに到達し、その後、「サモア諸島」「ハワイ諸島」へはおおよそ1200年前、ポリネシアの「ソサエティ諸島」「ニュージーランド」「イースター島」には、おおよそ800年前に到達したと考えられています。

　また、台湾から東南アジアの島々を経由して西に向かったグループもおり、驚くことに広大な「インド洋」をこえて、2000年前にアフリカ大陸東岸の「マダガスカル島」にまで到達しています。

第4章　アフリカから世界へ

イースター島のポリネシア人はアメリカ先住民と交雑

南米大陸と交流があった!?

モアイ像で知られるイースター島は南米大陸とは3700キロメートル離れていますが、ゲノム研究の結果、イースター島の先住民は南米大陸由来の遺伝子を持つことがわかりました。またポリネシア人と太平洋岸の南米先住民も、13世紀ごろに交雑した痕跡が見つかり、なんらかの交流があったと考えられています。

モアイ像が立ち並ぶイースター島

17 暮らしていた環境によって肌や髪の色が変化

紫外線の強弱に適応し肌の色が変化

太陽の紫外線が強い地域の人たち

- 強い紫外線により皮膚がんのリスクが高まるため身体を保護する必要がある

> 紫外線を防御できるように適応し、肌や髪、瞳の色が濃くなった

太陽の紫外線が弱い地域の人たち

- 紫外線から身体を保護する必要があまりない
- 肌の色が濃いとビタミンDを生成しにくい
- 肌の色が濃いと凍傷になりやすい

> 少ない日照時間と寒冷な気候に適応し、肌や髪、瞳の色が薄くなった

太陽の紫外線が適度な地域の人たち

- 紫外線から身体を保護する必要が少しある
- 寒冷な気候に適応する必要も少しある

> 適度な日照時間と温暖な気候に適応し、肌や髪、瞳の色が中間色になった

★外見の違いは環境の違い

6～5万年前に始まったホモ・サピエンスの長い旅「グレート・ジャーニー」は、太平洋の島々にたどり着いたことでついに終わりを迎えました。こうして私たち人間は世界中で暮らすようになったのですが、地域ごとに特徴がわかれていきました。

最初にアフリカにいた人類は、強い紫外線から体を守るためにメラニンという色素を作る能力が高くなりました、正確にいえば、そういう特徴を持った人たちのほうが生き残りやすいため、自然と肌や瞳、髪の色が濃い人たちが増えていったのです。アフリカやオーストラリアなどの紫外線が強い地域で暮らしてきた人たちは、同様の特徴を受け継いでいます。

その後、アフリカを旅立った人類はさまざまな地域に分散していきます。その結果、日照時間が短く寒い地域では、肌の色が濃いと骨形成などで重要なビタミンDが作られにくく、凍傷になりやすいといったデメリットがあったため、メラニンを作る能力が弱い＝肌や瞳、髪の色が薄い人たちが増えていったのです。このグループは、もともとユーラシア大陸の北西部に拡散した人たちです。

そして、適度な日照時間と適度な気温、暖かい時期も寒い時期もあるという気候の地域では、メラニンを作る能力が平均的で、ちょうど中間の肌や瞳、髪の色を持つ人たちになりました。このグループには、日本を含む東アジア、東南アジア、そして南北アメリカの先住民たちが含まれています。

このように、肌や髪、瞳の色は、暮らしていた環境によって変化したにすぎず、みんな同じホモ・サピエンスなのです。生物学的に見れば違いはほんのわずかですから、肌の色などを基準に人間を区別して考えることはまったく必要のないことなのです。

第4章　アフリカから世界へ

99

COLUMN

古代DNA解析の第一人者、スバンテ・ペーボ博士

　ドイツのマックス・プランク研究所のスバンテ・ペーボ博士は、スウェーデン出身の遺伝学者で、古遺伝学の創始者のひとりとして知られています。ペーボ博士は、DNAの網羅的な読み取りと解析ができる「次世代シーケンサ」を用いて、古代人類のDNA解析を他に先駆けて進め、成果をあげた人物です。

　博士は、ネアンデルタール人のゲノム全体のDNA配列を解読することに成功し、アフリカ人をのぞく現代人の全DNAの1〜4％がネアンデルタール人から受け継がれたものであることを発見します。これが、数万年前にホモ・サピエンスとネアンデルタール人が共存し、交雑していたことを示す証拠となりました。

　また、シベリアの洞窟で発見された古代人の指の骨からDNAを採取し、絶滅した未知の人類「デニソワ人」を発見します。そして、現代人のDNAにデニソワ人のDNAが一部残っていることも明らかにしたのです。

　これらの功績が認められ、2022年の「ノーベル生理学・医学賞」を受賞しました。受賞理由は、「絶滅した古代人類のゲノムと人類の進化に関する発見」というもので、人類の進化をひもとく新しい研究方法とその成果に対してノーベル賞が贈られたのです。

第5章

私たち日本人のルーツはどこにある？ →

1

原人は日本列島にたどり着けなかった

↑ 東アジアでは古い時代の原人の化石が見つかっているが日本では発見されていない

★ 原人は海を渡れなかった？

190万年以上前にアフリカからユーラシア大陸に進出した原人ホモ・エレクトスは、ユーラシア大陸を横断して東アジア、東南アジアまで進出したことがわかっています。

現在まで4つの人骨が見つかっており、一番古いものはインドネシア・ジャワ島で見つかった130万年前のものでジャワ原人と呼ばれています。

インドネシアでは小型のフロレース原人も見つかっており、ホモ・エレクトスから枝わかれしたと考えられています。次に古い人骨は、北京市近郊の周口店で見つかった75万〜40万年前の北京原人です。

また、台湾本島と西方の澎湖諸島との間の海底から見つかった人骨は、19万〜1万年前のものと推定され澎湖人と呼ばれています。

このように、原人は日本のすぐ近くまで来ていたことがわかっていますが、現在までのところ日本では原人の人骨や遺跡、遺物が見つかっておらず、海でへだてられていた日本列島には、進出できなかったと考えられています。

アジア第5の原人？

フィリピンで発見されたルソン原人

フィリピン・ルソン島の洞窟で見つかった人骨が、6万7000年〜5万年前の新種の原人である可能性が高く、「ホモ・ルゾネンシス」と名付けられました。現生人類のようにより人間に近い側面と、類人猿に近い側面が混じっており、これまで知られている初期人類とは特徴が異なり、身長も低かったと考えられています。

ホモ・サピエンスはさまざまなルートでやってきた！

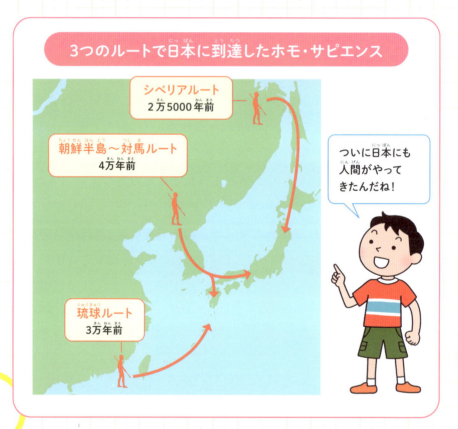

↑ 3つのルートで流入した旧石器人は日本各地に散らばって独自の特徴を持つ縄文人となった

★ホモ・サピエンスの日本進出は4万年前

日本列島にホモ・サピエンスがやってきたのは、今から4万年前のこと。第4章 3 で紹介した通り（71ページ参照）、この時期は最終氷期にあたり、海水面が下がり対馬と九州は陸続きになっていたため、朝鮮半島から対馬を経由して九州北部に到達したと考えられています。また、同時期に南方から先島諸島、沖縄本島への流入もあったことが、沖縄で発見された人骨からわかっています。ただし、沖縄地域にやってきたグループが九州まで渡ってきたかどうかは、わかっていません。

その後、2万5000年前にはユーラシア大陸からシベリアを経由して北海道に進出し、南下して本州に渡ってきたグループもいたと考えられています。

日本にホモ・サピエンスが渡ってきた時代は「後期旧石器時代」と呼ばれ、この時代の人々を「旧石器人」と呼びます。日本にやってきた旧石器人は、列島各地へ散らばり、南北2つのルートの人たちが混じり合って「縄文人」になったと考えられています。

第5章 私たち日本人のルーツはどこにある？

日本最古の遺跡は？

定説では3万8000年前が最古

日本最古の遺跡は、静岡県の井出丸山遺跡、熊本県の石の本遺跡で、3万8000年前のものと推定されています。岩手県の金取遺跡や島根県の砂原遺跡から出土した石器が8万年以上前にさかのぼるとする説もありますが、推定された年代には異論も多く、議論が行われています。

静岡県・井出丸山遺跡

熊本県・石の本遺跡

105

3

旧石器時代の遺跡は1万箇所以上

旧石器時代・縄文時代草創期の遺跡数

都道府県	旧石器時代	縄文時代草創期	都道府県	旧石器時代	縄文時代草創期
北海道	700	1	滋賀県	8	33
青森県	36	28	京都府	37	30
岩手県	60	43	大阪府	416	76
宮城県	66	10	兵庫県	231	81
秋田県	84	0	奈良県	65	41
山形県	108	27	和歌山県	35	17
福島県	77	16	鳥取県	22	41
茨城県	457	97	島根県	57	17
栃木県	233	35	岡山県	214	21
群馬県	363	72	広島県	92	32
埼玉県	472	65	山口県	78	5
千葉県	988	334	徳島県	61	4
東京都	650	147	香川県	79	27
神奈川県	456	132	愛媛県	96	28
新潟県	314	98	高知県	33	1
富山県	165	28	福岡県	335	91
石川県	45	7	佐賀県	342	3
福井県	9	14	長崎県	430	62
山梨県	43	27	熊本県	333	10
長野県	644	5	大分県	174	17
岐阜県	84	188	宮崎県	307	33
静岡県	261	111	鹿児島県	105	17
愛知県	112	71	沖縄県	8	0
三重県	165	189	合計	10150	2432

出典:『日本列島の旧石器時代遺跡日本旧石器学会2010-日本旧石器(先土器・岩宿)時代遺跡のデータベース-』(日本旧石器学会)

★北海道と九州で多数発見されている

　日本で発見されている旧石器時代（3万8000年〜1万6000年前）の遺跡は、日本旧石器学会の『日本列島の旧石器時代遺跡-日本旧石器（先土器・岩宿）時代遺跡のデータベース-』によれば、日本全国で1万150箇所もあります。

　遺跡がまったく発見されていない都道府県は存在せず、大陸から渡ってきた旧石器人が、日本全国に広がっていたことがわかります。

　発見されている遺跡数は、都道府県によっておおきなバラつきがありますが、北海道と九州全域で多くの遺跡が見つかっているのは、第4章 12 で紹介したとおり（89ページ参照）日本列島への進入ルートの裏付けになると考えられます。また、関東平野、大阪平野の都府県でも多くの遺跡が見つかっていますが、開発が進んでいる地域では遺跡が見つかる可能性が高く、発掘調査も増えるため、その影響と考えてよいでしょう。

　そして、旧石器時代に続く「縄文時代草創期」（1万6000年〜1万1500年前）の遺跡数は、同データベースによれば2432となっており、沖縄県を除く46都道府県で発見されています。

第5章　私たち日本人のルーツはどこにある？

旧石器時代から縄文時代へ

縄文時代の始まりは1万6000年前

日本では、旧石器時代がおおよそ1万6000年前まで続き、その後、縄文時代に移行したと考えられています。縄文時代になると、磨製石器や土器を作り、弓矢を使い、「竪穴式住居」と呼ばれるかんたんな家を建てて定住するようになります。縄文時代は、おおよそ3000年前まで続き、「弥生時代」へと移行していきます。

縄文時代中期の
火焔型土器（復元）

4

約3000年前に大陸からやってきた渡来人

渡来してきた弥生人のルーツ

西遼河流域の雑穀農耕民

黄河流域の雑穀農耕民

長江流域の稲作農耕民

西遼河流域の雑穀農耕民が朝鮮半島に流入し、他地域から流入した集団、土着の集団と混合し日本へ渡った

大陸のいろいろな人たちが来たんだね

この人たちが私たちの祖先なんだね！

↑ 弥生時代に渡来してきた人の起源は西遼河流域の雑穀農耕民にあり朝鮮半島で混合したと考えられる

★新しい技術を持ち込んだ渡来系弥生人

　4万～2万5000年前にかけて、大陸から日本列島に流入した旧石器人が、日本列島の各地に散らばり、それぞれが環境に適応していきました。縄文時代は1万3000年続き、その間、各地の縄文人はそれぞれが異なる遺伝的特徴を持つ集団になっていったと考えられています。

　そして、3000年前に縄文時代は終わり、「弥生式土器」「水田稲作」「金属器」という新しい技術を持つ弥生時代に移行します。そのきっかけとなったのが、おおよそ3000年前に大陸から日本に流入してきた集団です。

　DNA分析の結果、この集団は北東アジア・西遼河流域の雑穀農耕民にルーツがあり、彼らが朝鮮半島に流入し、同じように流入してきた黄河流域の雑穀農耕民や長江流域の稲作農耕民、縄文人に近い土着の人々と混合して独自の集団となり、その一部が日本へ渡ってきたと考えられます。この新しく日本にやってきた集団を「渡来系弥生人」または「渡来人」と呼び、前述した新しい3つの技術を日本に持ち込み、広めたと考えられています。

第5章　私たち日本人のルーツはどこにある？

弥生時代の始まり

弥生式土器・水田稲作・金属器が伝来

弥生時代は、弥生式土器、水田稲作、金属器の使用という3つの特徴があります。これらの技術は最初に九州北部に伝わり、その後、各地へ広まりました。そのため、九州北部では3000年前ごろから弥生時代となりましたが、そこから遠い地域が弥生時代へ移行するには時間が必要だったと考えられます。

金属器

弥生式土器　水田稲作

109

縄文人と弥生人は仲良く暮らしていた？

渡来人と土着系の集団（縄文系）が混合しながら東進

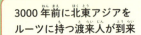

3000年前に北東アジアをルーツに持つ渡来人が到来

渡来人は日本列島を東進し縄文人の集団を吸収しながら東北地方まで進出した

九州の縄文人が沖縄へ渡っていた

現代日本人には縄文人のDNAが約10%残っているんだって！

↑ 渡来人は日本列島を東へ進みながら各地の縄文人の集団を吸収していったと考えられている

★渡来人と縄文人が混合して弥生人に！

　朝鮮半島から九州北部へと渡ってきた渡来人の集団は「渡来系弥生人」と呼ばれ、九州から西日本、東日本、そして東北へと進出していきます。当然、それらの地域には縄文人の集団が先に暮らしていましたが、両者は争うのではなく混合していったことが、DNAに残された縄文人の遺伝的要素からわかっています。こうして、渡来人と土着の集団（縄文系）が混合したことで「弥生人」という新しい日本独自の集団ができあがっていったと考えられています。

　混合した集団の東進とともに、弥生式土器、水田稲作、金属器も伝わっていきます。本州の各地で弥生時代の遺跡が多数発見されており、2300年前までには、本州北端の青森県まで水田稲作が伝わっていたことがわかっています。

　ただし、水田稲作は津軽海峡をこえて北海道にまでは伝わりませんでした。当時の技術では、寒冷な気候の北海道で水田稲作はできなかったからです。そのため、北海道は弥生時代に移行することなく、狩猟採集生活がベースの独自文化を育むことになります。

第5章　私たち日本人のルーツはどこにある？

日本最北・東日本最古級の水田跡

700年で青森まで稲作が伝播

青森県の砂沢遺跡は、縄文時代と弥生時代にまたがる遺跡で、2400年～2300年前と推定される水田跡が見つかっています。現在のところ、これが東日本でもっとも古い時代の水田跡のひとつであり、九州北部に伝わった水田稲作が、600～700年かけて青森まで伝わっていたことがわかります。

青森県・砂沢遺跡

111

6 弥生時代以降もたくさんの人が渡ってきた

新しい渡来人の流入は1000年近く継続

2000年前ごろから、東アジアをルーツに持つ新しい渡来人集団の流入が始まりました。

東アジア起源の集団の流入は、1000年近く続き、日本各地に広がって弥生人との混合が進みました。

大陸からどんどん人が渡ってきたんだね！

↑ 渡来系弥生人のあと日本に渡ってきた集団が新しい技術や国の概念などを日本に持ち込んだと考えられる

★国が興り古墳が造られる時代へ

　3000年前の渡来人の流入により、日本は弥生時代を迎えました。そして、2000年前ごろから、東アジアをルーツに持つ集団の流入が始まったと考えられています。この流入は1000年近く続き、新しく渡ってきた集団も九州から西日本、東日本、そして東北へと進み、弥生人と混合していったことが、DNA解析からわかってきました。これまでは、縄文人と渡来系弥生人が混合し、現在の日本人のルーツになったと考えられてきましたが、DNA解析の結果は、その後も長期にわたって渡来人の流入が続き、混合したことを示しているのです。

　そして、この新しくやってきた渡来人のなかに、国や戦争といった概念を持った集団もいたと考えられており、各地で地域を支配する「豪族」や国を治める「王」が現れ始めました。

　こうした変化はおおよそ1900年前ごろに始まり、1750年前ごろ日本の歴史は弥生時代から「古墳時代」へと移ります。古墳時代には、各地で権力者のお墓として「古墳」が造られ始めたほか、「かまど」「馬」などが日本に伝えられたことがわかっています。

第5章　私たち日本人のルーツはどこにある？

古墳時代の始まり

大型の古墳が各地に出現

古墳は、土や石を盛って丘のような形にしたお墓で、全国に約16万基の古墳が残されています。時代が進むにつれて大型の古墳が建造されるようになり、写真の「仁徳天皇陵（大仙陵古墳）」は、墳丘長486メートルもある日本最大の古墳です。また、この鍵穴のような形は、「前方後円墳」と呼ばれ、古墳を代表する形状です。

5世紀に建造された
仁徳天皇陵（大阪・堺市）

113

現代日本人は縄文人・弥生人・古墳人の混合!?

現代の日本人は3種類の人たちの混合で誕生

最初に渡来した人たち　4万年前〜
日本列島の各地に分散し、地域ごとの集団にわかれる

↓ 混合

2番目に渡来した人たち　3000年前〜
日本列島を東進して縄文人の集団を吸収。北東アジア人特有の遺伝的要素を持つ

↓ 混合

3番目に渡来した人たち　2000年前ごろ〜
渡来系弥生人のあとに継続して流入。東アジア人特有の遺伝的要素を持つ

── 渡来人の流入と混合は1000年近く継続

→ **現代の日本人**

DNAの比率
- 縄文人由来のDNA
- 縄文人以外のDNA

↑ 3番目に日本に渡ってきた渡来人が現代日本人の形成に大きな影響を与えている

★DNA解析で見えた日本人のルーツ

　これまで、日本人のルーツは、3000年前にやってきた渡来系弥生人が日本列島に拡散する過程で、先住していた縄文人たちと混合して形成された人たちだという説が有力でした。これを「二重構造モデル」と呼びます。

　ところが、現代の日本人に残されている縄文人由来のDNAは約10%です。もし、縄文人と弥生人の混合が日本人のルーツであれば、縄文人のDNAはもっと多いはずです。しかし、実際はそうなっていないため、渡来人の流入が長期間続き、混合していったことで縄文人由来のDNAが薄まっていったと想定できます。

　また古墳時代の人骨をDNA解析した結果、縄文人や弥生人にはなく、現代の日本人には見られる東アジア系の遺伝的要素が見つかりました。つまり、古墳時代に東アジア系統の新しい渡来人がやってきたと考えるしかありません。この2000年前ごろから流入が始まったと推測できる3番目の渡来人を「渡来系古墳人」と呼びます。

　このことから日本人のルーツは、旧石器人の子孫が日本各地にわかれて地域ごとの特徴を持つようになった縄文人、2番目にやってきた北東アジアが起源の渡来系弥生人、そして、3番目にやってきて1000年近く流入が続いた東アジアが起源の渡来系古墳人という3種類の人たちにあるという説が有力になっています。これを「三重構造モデル」と呼びます。

　これまで考古学の分野では、「古墳時代に新しい渡来人の流入があっただろう」と推測されてきましたが、これまでの人類学の研究では、それを裏付けることはできませんでした。しかし、DNA解析を用いる分子人類学によって、この推測が裏付けられたのです。

第5章　私たち日本人のルーツはどこにある？

115

8 沖縄で見つかった港川人とは?

沖縄は旧石器時代の化石人骨の宝庫

山下洞人
発見場所：沖縄県那覇市 山下町第一洞穴遺跡
年代：約3万6500年前

白保竿根田原洞人
発見場所：沖縄県石垣市 白保竿根田原洞穴遺跡
年代：約2万7000年前〜

港川人
発見場所：沖縄県八重瀬町 港川遺跡
年代：約2万年前

↑沖縄の旧石器時代の化石人骨をDNA解析した結果 南方にルーツを持つことが判明

★消えてしまった沖縄の旧石器人

　沖縄は、本土ではほとんど見つかっていない旧石器時代の人骨が、複数発見されている地域です。なぜなら、日本列島は火山灰土壌が広く覆っており、酸性土壌であるため土のなかの骨を溶かしてしまいますが、沖縄は琉球石灰岩が広がりカルシウムが多く含まれている土壌のため、骨が化石となって残りやすいからです。

　沖縄県那覇市の山下町第一洞穴遺跡で発見された人骨は、3万6500年前の8歳前後の幼児と推定され「山下洞人」と呼ばれています。これが、人骨としては国内最古(※)のものですが、一緒に出土した炭化物の年代を測定したものであるため、信頼性はやや劣ります。

　年代がはっきりしているものでは、沖縄県石垣市・白保竿根田原洞穴遺跡から、約2万7000年前の人骨が発見されています。こちらは「白保竿根田原洞人」と呼ばれ、全身骨格がほぼ残ったものとしては国内最古(※)のものです。年代の異なる人骨が多数発見されており、骨に残されていたコラーゲンから年代が測定されたほか、ミトコンドリアDNAも解析され、南方系の遺伝的要素を持つ個体もいたことがわかっています。この遺跡からは19体の人骨が発見されていますが、旧石器時代の遺跡としては世界的に見ても最大級のものとなっています。

　そして、沖縄県八重瀬町の港川遺跡からも2万年前の全身骨格が見つかっており、「港川人」と呼ばれています。旧石器時代の人骨として初めてミトコンドリアDNAの全解読に成功しており、アジア人の祖先の集団の系統ではありますが、形態的にはオーストラリア先住民やパプアニューギニアの集団に似た特徴もあり、縄文人や弥生人、沖縄を含む日本の現代人、いずれとも遺伝的要素が異なり、直接のつながりはないことがわかっています。

※ 2024年10月現在

第5章　私たち日本人のルーツはどこにある？

沖縄の人たちは九州からやってきた？

沖縄の現代人のルーツは九州の縄文人

❷ 7300年前の大規模な噴火で南九州の縄文人は絶滅 しばらく流入が途絶

❶ 1万5000年前の縄文時代以降に九州縄文人が流入

沖縄諸島

❸ 3000年前から貝交易によって弥生人との交流が始まり1000年前から南九州の農耕民が流入

先島諸島

文化的には台湾やフィリピンに近いという説もあるが系統は縄文人であることが判明

↑旧石器時代の港川人の系統は途絶え、縄文時代以降に九州から流入してきた縄文人たちが沖縄の現代人のルーツ

★縄文人の要素が強い沖縄の現代人

　沖縄の現代人が旧石器人と関係がないとすれば、沖縄の人たちはどこからやってきたのでしょうか？　現在、有力視されている説が、縄文時代になってから流入してきた九州の縄文人がルーツであるというものです。沖縄で見つかった縄文時代の人骨のミトコンドリアDNAを解析したところ、九州縄文人と共通していることがその裏付けとなります。

　1万5000年前ごろに縄文土器が持ち込まれて以来、何度か縄文文化の影響がつよくなる時期があります。このときに縄文人も移り住んだのでしょう。そして、1000年前から南九州農耕民の大規模な流入があり、以前から居た縄文系の人々と混合して沖縄の現代人が形成されたと考えられています。

　沖縄の現代人は、縄文人由来のゲノムを30％持っており、本州・四国・九州の現代人とは大きく異なりますが、これは弥生人、古墳人の遺伝的要素を持つ農耕民の流入が本州・四国・九州よりも遅かったことで、説明がつくのです。

九州南方沖の海底火山「鬼界カルデラ」

過去1万年で世界最大の大噴火が発生

7300年前に、九州南方沖の海底火山「鬼界カルデラ」が起こした、「アカホヤ噴火」と呼ばれる巨大噴火は、過去1万年で世界最大とされています。南九州では火山灰が1メートルも降り積もり、動植物は壊滅的な被害を受け、南九州の縄文人は一次的に絶滅したとも考えられており、こうした時期には琉球列島への縄文文化の影響も小さくなります。

北海道の先住民「アイヌ」

縄文人とオホーツク文化人の影響が大きいアイヌ

❶ 3万〜2万5000年前
北東アジア起源の
旧石器人が流入

オホーツク文化人の文化圏

❷ 1500〜1000年前に
沿海州が起源の
オホーツク文化人が流入

渡来系弥生人の流入

❸ 混合して
アイヌ人が誕生

アイヌの人たちは縄文人の遺伝要素が強いんだって！

↑最初に渡来した旧石器人をベースにオホーツク人が混合してアイヌの人たちは誕生した

★独自の成立過程をたどったアイヌの人たち

　北海道に旧石器人がやってきたのは、3万～2万5000年前のこと。北東アジアに起源を持つ集団が、陸続きだった樺太を経由して進入し、北海道の縄文人のルーツになったと考えられています。北海道の縄文人は、ミトコンドリアDNAの多様性に乏しいことから、遺伝的にはほかの集団とはあまり交流（混合）していなかったと推定されています。

　本州では3000年前に大陸からの渡来人が流入し、在地の縄文集団との混合が始まりますが、北海道の寒冷な気候は水田稲作に適さないため、弥生人はほとんど進出してこなかったと考えられています。

　そして、約1500年前に「沿海州」が起源の「オホーツク文化人」が流入してきます。沿海州というのは、ユーラシア大陸の日本海北西岸一帯で、ちょうど北海道の対岸に位置しています。オホーツク文化というのは、5世紀～10世紀にかけて樺太から北海道北東部沿岸、千島列島を含むオホーツク海沿岸地域で栄えた文化で、それを担ったのがオホーツク文化人です。

　これまで、オホーツク文化人は北海道縄文人とは混合せず、北海道の先住民である「アイヌ」の人たちとは関係がないと考えられてきました。しかし、近年の研究で、北海道縄文人、オホーツク文化人、アイヌの人たちのミトコンドリアDNAの解析が進んだ結果、アイヌの人たちは、北海道縄文人とオホーツク文化人の遺伝的影響が強く、北方系先住民、渡来系弥生人のDNAも持つことがわかりました。

　アイヌの人たちは縄文人由来のDNAを70%も保有しているのが特徴で、最初に北海道の縄文人とオホーツク文化人が混合してアイヌを形成し、のちに本土の人たちとも混合が進んで、渡来系弥生人のDNAも受け継ぐことになったと考えられています。

第5章　私たち日本人のルーツはどこにある？

11 地域で異なる歴史と文化

日本には3つの異なる文化系統が存在

	先島諸島	沖縄諸島	本州・四国・九州	北海道
約1万6000年前	旧石器時代	旧石器時代	旧石器時代	
約1万年前	?(空白期間)	沖縄縄文時代 (貝塚時代前期)	縄文時代	
約4300年前	下田原期			
約3500年前				
約3000年前			弥生時代	続縄文時代
約1700年前	? (空白期間)	弥生平安並行時代 (貝塚時代後期)	古墳時代	オホーツク文化
約1400年前			飛鳥・奈良時代	
約1200年前	無土器期			
約1000〜900年前			平安時代	擦文時代
約800年前	グスク時代 (古琉球)		鎌倉時代	
約700年前			室町〜戦国時代	アイヌ文化期
約400年前	近世琉球		江戸時代	
約150年前	明治時代〜			

122

★独自の文化を育んだ北海道と沖縄

　ここまで、現代の日本人のルーツについて見てきましたが、北海道、本州・四国・九州、沖縄（沖縄諸島・先島諸島）で異なることが理解できたと思います。そして、ルーツが異なれば、歴史と文化も異なるのです。ここでは、北海道と沖縄に絞って説明していきます。

　まず、北海道では、水田稲作が伝わらなかったため縄文時代から弥生時代に移行せず、続縄文時代となりました。その後、約1400年前に狩猟と雑穀の農耕で暮らす擦文時代が始まります。このころ、オホーツク海沿岸地域では、前ページ10で紹介した「オホーツク文化」が栄えていました。

　そして、約800年前にアイヌ文化期が始まります。アイヌの人たちは、独自のアイヌ文化を形成しました。江戸時代になると江戸幕府による支配が始まり、明治時代の到来とともに日本となります。

　沖縄の歴史は、沖縄諸島と先島諸島で異なります。沖縄諸島では、貝塚時代とも呼ばれる沖縄縄文時代が約1万年前に始まります。弥生時代に相当する時代はなく、約3000年前に弥生平安平行時代もしくは貝塚時代後期と呼ばれる時代に移行し、グスク時代まで継続します。

　先島諸島では、約4300年前から下田原期が1200年間続きました。台湾の影響を受けていたと考えられていますが、人骨の遺伝学的特徴は縄文人と同じであることがわかっています。その後、約2000年近い空白期間があり、土器を使用しない無土器期を経て、沖縄諸島と共通のグスク時代へと移行します。グスクとは「城」のことで、各地に城が造られ、農耕が始まりました。1429年に琉球王国が成立しましたが、1609年に薩摩藩が琉球に侵攻して支配下におかれ近世琉球となります。この時期に、日本と中国の影響を受けた独自の琉球文化がおおきく発展し、明治時代に日本となりました。

第5章　私たち日本人のルーツはどこにある？

123

おわりに

世界の人たちは、みんな同じホモ・サピエンス

遺伝的に見れば世界中の人間はみんな同じ

↑ 肌の色、言葉、文化、宗教、国が違っても私たちはすべてホモ・サピエンスとしての歴史をともに歩んできた仲間！

★世界中の人は99.9%同じ

　6～5万年前にアフリカを出発した数千人のホモ・サピエンスは、世界中に広がり、今では80億人を数えるまでになりました。その過程はわかっていないことも多いのですが、おおまかな足取りは紹介してきたとおりです。

　今、世界で暮らす80億人の人々は、肌の色や民族、国籍など、さまざまな属性で分類されます。

　しかし、肌の色は外見的な特徴による分類、民族は言語や習慣、宗教といった文化的要素でまとめられる分類です。国籍は、もっと曖昧で、どの国で生まれ育ったか、もしくは暮らしているかを示すものでしかありません。にもかかわらず、こうした分類が原因で争いが起きてしまうことも少なくありません。これは、とても残念なことです。

　しかし、ここまで見てきたように、どんな人間でも、その遺伝子には過去のさまざまな集団から受け継いだ遺伝的要素が含まれています。そもそもホモ・サピエンスの起源はアフリカですので、だれもがその子孫です。また、言語や文化の違いも、もとをたどれば起源は同じです。つまり、今世界中にいる人間は、すべてホモ・サピエンスの仲間であると言えるのです。

　私たち人間は、生物学的に見ればホモ・サピエンスという単一の種なのです。遺伝的にはほとんど同じと言ってよく、実際のところホモ・サピエンスのゲノムの99.9%は共通であるため、あなたと世界の誰かを比べても違いは0.1%しかありません。その0.1%の違いが大きいと考えるか、99.9%同じなら違いはないと考えるか、みなさんはどちらでしょうか？ みなさんもホモ・サピエンス＝賢い人です。しっかり考えてみてください。

第5章　私たち日本人のルーツはどこにある？

【参考資料】

- ●『人類の起源-古代DNAが語るホモ・サピエンスの「大いなる旅」』(中央公論新社)篠田謙一:著
- ●『ビジネス教養・超速アップデート-図解版 人類の起源-古代DNAが語るホモ・サピエンスの「大いなる旅」』(中央公論新社)篠田謙一:監修
- ●『新版 日本人になった祖先たち-DNAが解明する多元的構造』NHKブックスNo.1255(ＮＨＫ出版)篠田謙一:著
- ●『遺伝人類学入門』(筑摩書房)太田博樹:著
- ●『季刊考古学166 特集:DNAと考古学』(雄山閣)藤尾慎一郎:編著
- ●『日経サイエンス2024年2月号 特集:DNAが語る古代ヤポネシア／整数のふしぎな世界』(日経サイエンス)日経サイエンス編集部:編集
- ●『NHKスペシャル 人類誕生』(学研プラス)NHKスペシャル「人類誕生」制作班:編集 馬場悠男:監修
- ●『復元イラストでみる! 人類の進化と旧石器・縄文人のくらし』(雄山閣)工藤雄一郎:編集 工藤雄一郎、馬場悠男、石井礼子:解説 石井礼子:イラスト
- ●『図解 人類の進化 猿人から原人、旧人、現生人類へ』ブルーバックス2186(講談社)斎藤成也:編・著 海部陽介、米田穣、隅山健太:著
- ●『[新装版]アフリカで誕生した人類が日本人になるまで』(SBクリエイティブ)溝口優司:著
- ●『古代ゲノムから見たサピエンス史』歴史文化ライブラリー565(吉川弘文館)太田博樹:著
- ●『人間らしさとは何か-生きる意味をさぐる人類学講義』(河出新書)海部陽介:著
- ●『サピエンス物語』大英自然史博物館シリーズ2(エクスナレッジ)大英自然史博物館 ルイーズ・ハンフリー＆クリス・ストリンガー:著 国立科学博物館 篠田謙一＆藤田祐樹:監修 山本大樹翻訳
- ●『ゲノムでたどる古代の日本列島』(東京書籍)斎藤成也:監修・著 山田康弘、太田博樹、内藤健、神澤秀明、菅裕:著
- ●『サピエンス全史(上・下)』(河出書房新社)ユヴァル・ノア・ハラリ:著 柴田裕之:翻訳

【制作スタッフ】

編集 ………………………… ライブ(齊藤秀夫)
執筆 ………………………… 小日向 淳
本文デザイン ………… 内田睦美
イラスト ………………… 瀬川尚志
DTP ………………………… ライブ

さくいん

【あ行】

アイヌ …………………… 120,121,122,123
アウストラロピテクス・アナメンシス …… 28,29
アウストラロピテクス・アファレンシス … 28,29,32
アウストラロピテクス・アフリカヌス … 28,29,32
アウストラロピテクス・ガルヒ …………… 28,29
アニミズム ………………………………… 59
アフリカ単一起源説 ……………………… 69
アルディピテクス・カダッバ ……………… 26,27
アルディピテクス・ラミダス ……… 26,27,32,33
オホーツク文化人 ………………………… 121
オロリン・トゥゲネンシス ………………… 26,27

【か行】

ギョベクリ・テペ …………………………… 58,59
グレート・ジャーニー …………………… 70,71,99
クロヴィス文化 …………………………… 91,93,95
ケニアントロプス・プラティオプス ……… 29
ゲノム … 19,41,43,66,67,72,73,97,100,119,125

【さ行】

サフルランド ………………………………… 83
サヘラントロプス・チャデンシス …… 26,27,32,33
三重構造モデル …………………………… 115
シマ人 ……………………………………… 41
ジャワ原人 ……………… 34,78,79,102,103
出アフリカ ……… 73,75,76,77,79,81,85,97
狩猟採集生活 …………………… 49,61,64,111
初期猿人 …………………………… 26,29,49
白保竿根田原洞人 ………………………… 116,117
スンダランド ………………………………… 82,83

【た行】

大脳新皮質 ………………………………… 46,47
打製石器 …………………………………… 50,51
直立二足歩行 …………………… 26,30,31,51
洞窟壁画 …………………………………… 44,55
デニソワ人 ……………… 37,40,41,42,43
トゥルカナ・ボーイ ………………………… 34
ドマニシ原人 ……………………………… 78,79

【な行】

ネアンデルタール人
………… 37,38,39,40,41,43,55,75,77,85,100
二重構造モデル …………………………… 115
農耕牧畜生活 ……………………………… 61,64

【は行】

パラントロプス・エチオピクス …………… 28,29
パラントロプス・ロブストス ……………… 28,29,32
パラントロプス・ボイセイ ………………… 28,29,32
氷河期 …………………………… 71,82,83,87
肥よくな三日月地帯 ……………………… 60,61
フローレス原人 …………………… 78,79,102,103
北京原人 …………………… 78,79,102,103
ベーリンジア …………………… 86,87,90,91,95
澎湖人 ……………………………………… 102,103
ホモ・アンテセソール ……………………… 42,43
ホモ・エルガステル ……………………… 34,35
ホモ・エレクトス
……… 32,33,34,35,37,38,39,42,43,78,79,103
ホモ・ナレディ …………………… 35,42,43
ホモ・ネアンデルタレンシス ……… 36,37,38,39,42
ホモ・ハイデルベルゲンシス …… 36,37,38,39,42,43
ホモ・ハビリス …………………… 32,33,34,35
ホモ・フロレシエンシス ………… 35,42,43,78,79
ホモ・ルドルフエンシス …………………… 34,35

【ま行】

磨製石器 …………………………… 51,61,107
ミトコンドリア・イブ ……………………… 68,69
ミトコンドリアDNA
…………… 44,68,69,73,77,91,117,119,121
港川人 …………………… 81,116,117,118

【や行】

山下洞人 …………………………………… 116,117

【ら行】

類人猿 …………………… 14,15,30,34,35,103
ルソン原人 ………………………………… 103
レバント地域 …………… 72,73,74,75,81,85

【わ行】

ワジャク人 ………………………………… 81

127

【監修者プロフィール】
国立科学博物館人類研究部

- 瀧上 舞（研究員）：専門はアンデス生物考古学、同位体生態学、文化財科学。
- 神澤秀明（研究主幹）：専門は分子人類学。共著に『ゲノムでたどる古代の日本列島』（東京書籍、2023年）など。
- 森田 航（研究員）：専門は歯の人類学。
- 藤田祐樹（研究主幹）：専門は旧石器時代の人類史。著書に『南の島のよくカニ食う旧石器人』（岩波書店、2019年）、『ハトはなぜ首を振って歩くのか』（岩波書店、2015年）など。
- 坂上和弘（グループ長）：専門は形態人類学、法医人類学。

こどもホモ・サピエンス
人類の起源、日本人のルーツについて考える本

発行日／2024年9月18日　初版

監修	国立科学博物館人類研究部
著者	ライブ
装丁者	山本真琴（design.m）
発行人	坪井義哉
発行所	株式会社カンゼン
	〒101-0021
	東京都千代田区外神田2-7-1 開花ビル
TEL	03 (5295) 7723
FAX	03 (5295) 7725
URL	https://www.kanzen.jp/
郵便振替	00150-7-130339
印刷・製本	株式会社シナノ

万一、落丁、乱丁などがありましたら、お取り替え致します。本書の写真、記事、データの無断転載、複写、放映は、著作権の侵害となり、禁じております。

©2024 Live inc.　ISBN 978-4-86255-737-5
Printed in Japan　定価はカバーに表示してあります。